# 100 ADVENTUROUS WORD SEARCH PUZZLES FOR BRAVE BOYS

# 100 ADVENTUROUS WORD SEARCH PUZZLES

## FOR BRAVE BOYS

BARBOUR **kidz**
A Division of Barbour Publishing

Published by Barbour Publishing, Inc., 1810 Barbour Drive, Uhrichsville, Ohio 44683, www.barbourbooks.com

*Our mission is to inspire the world with the life-changing message of the Bible.*

 Member of the
Evangelical Christian
Publishers Association

Printed in the United States of America.

000650  0221  BP

# SEARCHING FOR ADVENTURE...
# FINDING CHRISTIAN HEROES!

Based on the popular picture book *100 Adventurous Stories for Brave Boys*, this word search collection features 100 puzzles drawn from the stories of men like

- the apostle Paul
- John the Baptist
- missionary martyr Jim Elliot
- evangelist Billy Graham
- football coach Tony Dungy

Highlights of each inspiring life are contained in a summary paragraph, with puzzle search words set in **bold** type. When a phrase is **bold and underlined**, those words will be found together in the puzzle grid. Hidden words may be found up, down, and diagonal, both forward and backward. Answers are provided after the one hundredth puzzle.

Following God is an adventure, and these puzzles will prove it. Learn more about these history-making men...and be challenged to be a history-maker yourself!

# ABRAHAM

## READ THIS STORY OF ABRAHAM IN YOUR BIBLE. YOU'LL FIND IT IN GENESIS 12:1–8.

**Abraham** was already old when **God told him** to **move** to a **place** he'd never even **visited**. He would miss his **friends**. He would miss his **family**. But because God asked, Abraham moved. The **new land** didn't look **familiar**. It was filled with **people** Abraham had never met. Everything was **different**. Abraham was **courageous** enough to start a **new life**. God gave Abraham more than he hoped for. Be **patient**. God has great things **planned** for you too.

| C | O | U | R | A | G | E | O | U | S | W | M |
|---|---|---|---|---|---|---|---|---|---|---|---|
| K | M | K | Z | Y | L | I | M | A | F | I | V |
| B | N | E | W | L | A | N | D | Q | H | T | G |
| D | R | P | L | A | N | N | E | D | N | L | N |
| I | M | A | R | V | P | W | L | M | O | V | E |
| F | A | Q | I | W | A | O | F | Q | T | I | L |
| F | H | N | V | L | T | R | R | L | G | S | E |
| E | A | Z | T | D | I | P | T | W | J | I | L |
| R | R | T | O | E | E | M | L | T | R | T | P |
| E | B | G | N | K | N | B | A | A | X | E | O |
| N | A | D | C | V | T | F | Y | F | C | D | E |
| T | S | V | R | N | E | W | L | I | F | E | P |

# BROTHER ANDREW

## MAN IS HELPED WHEN HE IS TAUGHT GOD'S WORD.

### 2 TIMOTHY 3:16

**Brother** Andrew dreamed of **adventure**. He was a **soldier** who became a **missionary**. He traveled to **countries** that didn't want **Christians** to visit. He took **Bibles** into hard places where government **leaders** didn't want them. But people needed God's **Word. Andrew** would say that God did the **impossible.** Andrew would be right. Brother Andrew did what few other people felt **brave** enough to do. He made sure people had **scripture.** If people could **read** it for themselves, they could **meet God**.

```
R F T D Y S R E D A E L
J D R H R E R M B R C E
C M C E V O E F U R O L
H V I A A E W T H E U B
R H R S T D N K W H N I
I B W G S E X M E T T S
S G O X V I B G R O R S
T D G D K I O B D R I O
I N A T B L R N N B E P
A S O L D I E R A T S M
N N E L N Y R F W R Z I
S S C R I P T U R E Y V
```

# AUGUSTINE

## OBEY YOUR PARENTS IN EVERYTHING.
### COLOSSIANS 3:20

**Augustine** was born a very **long time** ago. He had a very **good mom**. She followed **Jesus** and helped Augustine **follow** too. He **obeyed God** because his mom wanted him to, but when she wasn't around, he **struggled.** When Augustine was in his thirties, he **returned** to the Jesus his mother **loved.** He credits his mom's **influence** as a reason he **sought** Jesus. God used Augustine to **influence** centuries of **Christians.** God used a mom to influence Augustine.

| X | L | R | L | W | W | G | R | G | E | G | O |
|---|---|---|---|---|---|---|---|---|---|---|---|
| G | T | K | N | P | P | E | H | M | D | E | B |
| M | M | H | W | G | T | J | I | B | E | N | E |
| K | J | H | G | U | G | T | E | F | L | I | Y |
| T | G | E | R | U | G | V | C | O | G | T | E |
| W | K | N | S | N | O | T | N | L | G | S | D |
| R | E | K | O | U | Q | S | E | L | U | U | G |
| D | J | L | C | C | S | F | U | O | R | G | O |
| P | D | E | V | O | L | D | L | W | T | U | D |
| G | O | O | D | M | O | M | F | P | S | A | H |
| E | C | N | E | U | L | F | N | I | L | W | F |
| T | S | N | A | I | T | S | I | R | H | C | G |

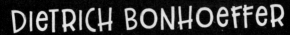

# DIETRICH BONHOEFFER

## OBEY GOD'S WORD.
### 1 CORINTHIANS 7:19

Dietrich **Bonhoeffer** was a **pastor** in **Germany** in the 1930s and '40s. He thought it was **wrong** that the German government punished the **Jewish** people just because they were Jewish. **Dietrich** was certain that was **not fair**. And he said so. He knew the **government** didn't like what he said. In 1943, Dietrich was **arrested**. Two years later he was **killed**. People **remember** him today because what he said was **right** and what was done to him was **wrong**.

```
D  E  T  S  E  R  R  A  D  H  G  H
M  W  V  R  F  T  X  I  R  R  O  W
N  T  L  B  H  C  E  L  E  E  V  R
Y  Z  C  G  K  T  V  R  F  B  E  B
H  D  I  W  R  Q  O  X  F  M  R  J
G  R  E  I  R  T  J  C  E  E  N  E
B  L  C  L  S  O  Z  R  O  M  M  W
H  H  F  A  L  X  N  R  H  E  E  I
F  J  P  R  C  I  H  G  N  R  N  S
W  R  O  N  G  K  K  T  O  L  T  H
R  I  A  F  T  O  N  B  B  R  X  P
M  R  K  G  E  R  M  A  N  Y  N  T
```

# WILLIAM BOOTH

## REMEMBER TO DO GOOD AND HELP EACH OTHER.
### HEBREWS 13:16

William **Booth** was not a typical **preacher.** He looked like a **soldier.** He acted like one. William **struggled,** but with each new **challenge,** he believed God had something **bigger** for him. He **prayed** because he **believed** he couldn't do the work **alone.** He worked because he knew that **obeying God** was the right place to start. William **learned** what he needed to know to begin the **Salvation Army.** This **ministry** makes things easier for people who struggle. People need help. They need **Jesus** even more.

```
V  Z  E  G  N  E  L  L  A  H  C  B
T  Y  D  O  G  G  N  I  Y  E  B  O
X  B  L  T  S  O  L  D  I  E  R  M
L  V  I  K  J  Y  K  B  F  E  S  D
H  E  B  G  M  L  E  K  H  K  A  E
P  N  A  R  G  L  C  C  Y  T  L  L
R  E  A  R  I  E  A  H  J  P  V  G
A  R  N  E  N  E  R  T  E  L  A  G
Y  D  V  O  R  E  G  O  S  L  T  U
E  E  J  P  L  L  D  O  U  C  I  R
D  N  R  N  V  A  R  B  S  M  O  T
M  C  M  I  N  I  S  T  R  Y  N  S
```

# SAM BRADFORD

## MEN BECOME RIGHT WITH GOD BY PUTTING THEIR TRUST IN JESUS CHRIST.
### ROMANS 3:22

Sam **Bradford** plays **football**. He expects to win. He wins **awards**. He's **good**, but many people who play football with Sam think of him as **calm and cool**. Going to **church** helped Sam **learn** about **Jesus** so he could **accept** God's **rescue**. Sam shares his **faith**. Sam quietly does his job, and he isn't **worried** about the **future**. He knows that after he has done all he can, God still calls Sam **His child**. That's just what he wants everyone to know.

```
T R J H M N R A E L K V
C F L D E I R R O W L C
B V U D H P Y N Z G L A
T D L T L C R D K N T L
Z R F L U I R C Y E L M
C O W L S R H W U A J A
T F F N G U E C B M H N
P D Z N R O S T S Z P D
E A K C L E O E Z I T C
C R H C R O N D J T H O
C B Y N F K G M F Q X O
A W A R D S F A I T H L
```

# DAVID BRAINERD

## WHEN WE HAVE STOOD THE TEST, IT GIVES US HOPE.

### ROMANS 5:4

**David Brainerd**'s parents died when he was a boy. He was <u>**sent home**</u> from **college** when he became **sick**. He wanted to be a **missionary**; but if he was to be a missionary, he would have to **work** while he was sick. David **struggled**. But he didn't let struggles stop him from doing <u>**something big**</u>. David **endured** <u>**hard times**</u>. He **followed** his dreams because his **dreams** looked a lot like God's **plan**.

```
D  S  L  M  K  W  N  D  K  M  S  G
R  E  J  W  O  J  R  D  H  I  O  C
J  M  R  R  L  E  F  S  D  S  M  F
T  I  K  U  N  F  M  J  I  S  E  P
D  T  R  I  D  A  C  F  V  I  T  C
R  D  A  C  E  N  O  M  A  O  H  K
H  R  H  R  O  L  E  F  D  N  I  S
B  A  D  C  L  L  J  P  L  A  N  I
Z  H  F  O  L  Q  L  M  B  R  G  C
M  T  W  D  K  M  G  E  K  Y  B  K
S  E  N  T  H  O  M  E  G  R  I  V
D  E  L  G  G  U  R  T  S  E  G  K
```

# PAUL BRAND

## GOD WILL TAKE AWAY ALL THEIR TEARS.
### REVELATION 21:4

Paul **Brand**'s parents were **missionaries** but **Paul** wanted to be a **doctor**. He was always **interested** in the pain that his **patients** felt. Some didn't feel **pain**, and that was a very <u>**big deal**</u>. Pain is God's **warning system** telling you that you've been **hurt**. Without pain, you might not <u>**get help**</u>. Paul Brand knew that pain can help you **learn** to <u>**trust God**</u>. He **discovered** that God didn't create pain to hurt you. Pain tells you when to stop doing the things that hurt you.

| R | P | K | S | T | N | L | E | A | R | N | W |
|---|---|---|---|---|---|---|---|---|---|---|---|
| D | H | A | E | T | R | Z | T | C | H | A | P |
| I | D | V | I | K | G | U | P | P | R | L | M |
| S | E | S | R | N | K | P | H | N | E | B | D |
| C | T | T | A | J | V | R | I | H | C | I | O |
| O | S | N | N | D | D | N | T | L | B | G | G |
| V | E | E | O | N | G | E | U | M | Z | D | T |
| E | R | I | I | A | G | A | G | W | N | E | S |
| R | E | T | S | R | P | G | Y | M | L | A | U |
| E | T | A | S | B | R | K | F | Y | V | L | R |
| D | N | P | I | M | E | T | S | Y | S | J | T |
| M | I | P | M | W | M | D | O | C | T | O | R |

# DREW BREES

## YOU STILL LIVE AS MEN WHO ARE NOT CHRISTIANS.
### 1 CORINTHIANS 3:3

Drew **Brees** is a **pro football quarterback**. He has won more **awards** than he can probably remember. He is **famous**. But Drew's parents **divorced** when he was young. Drew was **discouraged**. So many things went **wrong**. Drew could have been **jealous** of people who had both **parents** in the same house or of people who just seemed to know what **God wanted** them to do with their lives. **Drew** decided to really follow **Jesus**. That was a very good **decision**.

```
Z  Q  U  A  R  T  E  R  B  A  C  K
S  G  O  D  W  A  N  T  E  D  L  L
U  P  G  W  F  J  N  D  P  L  W  R
O  W  L  N  E  C  I  T  A  D  D  S
L  J  G  S  O  V  Z  B  F  E  P  E
A  N  U  L  O  R  T  T  A  C  A  E
E  S  F  R  A  O  W  W  M  I  R  R
J  R  C  W  O  W  T  Y  O  S  E  B
Y  E  E  F  G  Y  A  K  U  I  N  M
D  R  O  X  N  N  X  R  S  O  T  T
D  R  N  L  C  T  T  X  D  N  S  F
P  D  E  G  A  R  U  O  C  S  I  D
```

# JOHN BUNYAN

## LET YOUR BODIES BE A LIVING AND HOLY GIFT GIVEN TO GOD.
### ROMANS 12:1

John **Bunyan** once made fun of **Christians**. Then he met **Jesus**. John became a **preacher**, and he couldn't stop **writing** about Jesus. He just had to **share** what he knew. He did what **God wanted** him to do even when it was **hard**. He was **arrested** twice for preaching. He spent many **years in jail**. That's when he wrote one **book** and started writing another. Maybe you've heard of Pilgrim's **Progress**. That was John's **most famous** book. Many people **read** it today.

| | | | | | | | | | | | |
|---|---|---|---|---|---|---|---|---|---|---|---|
| W | L | I | A | J | N | I | S | R | A | E | Y |
| S | U | O | M | A | F | T | S | O | M | Y | H |
| P | R | E | A | C | H | E | R | G | T | A | M |
| A | S | S | N | A | I | T | S | I | R | H | C |
| R | S | H | L | R | W | F | K | D | W | S | T |
| R | E | D | Z | N | K | R | J | T | U | D | K |
| E | R | S | N | A | K | C | I | S | T | K | R |
| S | G | H | M | Y | W | W | E | T | C | K | E |
| T | O | A | H | N | W | J | L | K | I | Q | A |
| E | R | R | Q | U | R | L | V | M | O | N | D |
| D | P | E | B | B | B | K | R | K | R | O | G |
| N | D | E | T | N | A | W | D | O | G | C | B |

# WILLIAM CAREY

"SELF-IMPORTANT" AND "ONE WHO LAUGHS AT THE TRUTH" ARE THE NAMES OF THE. . .PROUD.

PROVERBS 21:24

It would have been easy for William **Carey** to be **proud.** He knew how to **make shoes**. He **loved to read**. He even **taught** himself to **speak** many different **languages.** William also loved to **work**. There was something else **William** knew. God wanted him to be a **missionary**. He moved his **family** to **India**, where he worked for **forty years**. William did his **best for God** because God wanted William's best. God helped William. He can help you too.

| B | E | S | T | F | O | R | G | O | D | K | K |
|---|---|---|---|---|---|---|---|---|---|---|---|
| D | A | E | R | O | T | D | E | V | O | L | Q |
| J | F | Y | R | A | N | O | I | S | S | I | M |
| N | L | K | W | I | L | L | I | A | M | J | L |
| Z | S | R | A | E | Y | Y | T | R | O | F | A |
| K | M | A | K | E | S | H | O | E | S | G | N |
| S | P | Y | W | Z | G | Q | D | J | M | C | G |
| D | P | O | L | U | Y | U | R | Y | L | A | U |
| K | R | E | A | I | O | C | N | E | T | I | A |
| K | V | T | A | R | M | H | Y | R | B | D | G |
| X | H | N | P | K | L | A | N | A | H | N | E |
| F | T | N | Q | R | B | H | F | C | Y | I | S |

# BEN CARSON

## A GENTLE ANSWER TURNS AWAY ANGER.
### PROVERBS 15:1

Ben **Carson** was an <u>**angry boy**</u>. His **father** left his **family** when Ben was **young**. His **mother** was sent to the **hospital** because she was so sad. When Ben let God help him, he began to change. Without anger, things **became better** for Ben. He **discovered** that he wanted to <u>**help others**</u> instead of hurt them. When he <u>**grew up**</u>, he believed the best way he could help was to become a **doctor**. He was a good doctor. People noticed. **Ben** Carson learned how to give a **gentle answer**.

| L | R | A | N | K | N | F | A | T | H | E | R |
|---|---|---|---|---|---|---|---|---|---|---|---|
| R | E | N | O | L | A | T | I | P | S | O | H |
| D | T | S | S | D | O | C | T | O | R | N | G |
| E | T | W | R | V | X | L | K | M | P | B | W |
| R | E | E | A | E | G | E | O | B | P | F | Y |
| E | B | R | C | R | H | T | L | U | B | O | D |
| V | E | F | B | V | H | T | W | B | T | P |   |
| O | M | Y | A | E | K | E | O | Y | N | G | P |
| C | A | O | R | M | R | M | R | P | L | E | R |
| S | C | U | K | G | I | G | C | B | L | X | G |
| I | E | N | Z | R | N | L | M | R | E | E | T |
| D | B | G | L | A | M | T | Y | Y | V | N | H |

# GEORGE WASHINGTON CARVER

## HE WHO LISTENS TO TEACHING IS ON THE PATH OF LIFE.

### PROVERBS 10:17

**George Washington Carver** was a **slave** who was **kidnapped** when he was a week old, but George was **rescued**. As a boy, he was often **sick**. He wasn't expected to live. He did. George was the first **black man** to attend two different **colleges**. People **respected** him. He was **wise** about **farming** and living the **Christian** life. George made sure God was **welcome** in all the things he was **learning**. He thought learning was something God wanted him to do, and he did it well.

```
C  K  G  S  E  G  E  L  L  O  C  N
H  I  S  R  N  A  M  K  C  A  L  B
R  D  Q  L  E  A  R  N  I  N  G  N
I  N  B  E  A  C  G  W  T  R  O  D
S  A  G  G  T  V  R  X  E  T  E  Q
T  P  N  R  E  H  E  S  G  T  T  N
I  P  I  O  K  S  C  N  C  G  P  M
A  E  M  E  D  U  I  E  Y  R  N  C
N  D  R  G  E  H  P  W  H  T  R  Z
Q  B  A  D  S  S  C  A  R  V  E  R
N  B  F  A  E  W  E  L  C  O  M  E
M  Y  W  R  K  C  I  S  Z  G  N  T
```

# DAN CATHY

"DO FOR OTHER PEOPLE WHATEVER YOU
WOULD LIKE TO HAVE THEM DO FOR YOU."
MATTHEW 7:12

**Examples** are **important**. Dan **Cathy**'s example was his dad, **Truett**. Dan watched his dad build a **company** called Chick-fil-A. Dan's dad **treated** every **customer** with **respect** and **kindness**. Today Dan spends a lot of his time **visiting** the restaurants his dad started. The **employees** learn what **Dan** saw his dad do. People have noticed. Being a good example is important. Look for ways to **do good** to each other and to all people. **God is kind**. Act like Him.

| | | | | | | | | | | |
|---|---|---|---|---|---|---|---|---|---|---|
| C | D | E | M | P | L | O | Y | E | E | S | N |
| O | N | T | T | G | N | I | T | I | S | I | V |
| M | I | C | D | R | S | D | O | G | O | O | D |
| P | K | E | M | G | E | D | N | B | Z | I | B |
| A | S | P | W | M | L | A | C | D | Q | M | C |
| N | I | S | K | N | P | P | T | G | K | P | U |
| Y | D | E | K | Y | M | M | K | E | J | O | S |
| D | O | R | H | G | A | K | L | P | D | R | T |
| F | G | T | P | P | X | B | D | A | B | T | O |
| Z | A | Q | N | H | E | N | N | T | C | A | M |
| C | S | S | E | N | D | N | I | K | G | N | E |
| V | T | R | U | E | T | T | J | R | L | T | R |

# STEWART CINK

## THE ONE WHO LIVES IN YOU IS STRONGER THAN THE ONE WHO IS IN THE WORLD.
### 1 JOHN 4:4

Stewart **Cink** felt like the harder he **tried**, the worse things got. He **played golf**. He wanted to win. He didn't plan on being a **professional** player. He just **loved** to golf. He **taught** himself. **Stewart** won **tournaments**, but he **struggled**. He didn't learn how to play from the best **coaches**. He wondered if he was **good enough**. In 2009, Stewart won the **Open** Championship against golfing **favorite** Tom **Watson**.

```
G  P  L  A  Y  E  D  G  O  L  F  X
S  D  S  E  H  C  A  O  C  A  Z  F
T  E  T  M  K  Q  Y  F  D  N  N  G
N  L  P  D  N  P  N  D  Q  O  E  O
E  G  T  V  I  B  E  N  S  I  T  O
M  G  A  C  C  I  H  T  H  S  I  D
A  U  U  L  R  N  A  M  T  S  R  E
N  R  G  T  L  W  E  E  K  E  O  N
R  T  H  G  X  O  W  P  T  F  V  O
U  S  T  J  N  A  V  V  O  O  A  U
O  R  D  B  R  D  N  E  L  R  F  G
T  L  V  T  G  W  Q  L  D  P  T  H
```

# DANIEL

## READ THIS STORY OF DANIEL IN YOUR BIBLE. YOU'LL FIND IT IN DANIEL 6.

**Praying** got **Daniel** into **trouble**. King **Darius** was **tricked** into signing a law that said no one could pray or **worship** anyone but him. If they did, they would have to spend the **night** with **lions** as punishment. Everyone knew that Daniel prayed to God **morning**, **noon**, and **night**. The king was sad when they led Daniel to the lions' den. **God saved** Daniel. He sent an **angel** to keep Daniel **safe**. What seemed so unfair reminded everyone that God is **amazing**.

```
W  L  G  D  T  R  O  U  B  L  E  T
X  B  N  E  L  D  N  I  G  H  T  C
T  C  I  V  D  K  A  M  V  H  D  S
R  G  N  A  Z  S  W  R  W  P  N  A
I  N  R  S  J  N  O  I  O  T  F
C  I  O  D  T  A  R  O  O  U  A  E
K  Y  M  O  D  S  N  N  I  M  S  L
E  A  T  G  H  D  W  G  A  L  E  Y
D  R  T  I  P  J  T  Z  E  I  P  L
R  P  P  M  R  K  I  Y  N  L  K  V
R  T  R  Y  W  N  R  A  V  X  L  Z
T  M  D  Q  G  N  D  T  H  G  I  N
```

# DAVID

## READ THIS STORY OF DAVID IN YOUR BIBLE. YOU'LL FIND IT IN 1 SAMUEL 17.

**David** spent most of his time with **sheep**. Three of his **brothers** became **soldiers**. They seemed **embarrassed** when David showed up with **gifts** from home. They seemed **angry** when he asked **questions** about the **enemy**. The **giant** Goliath challenged Israel's army to come and **fight** him. No one took Goliath's challenge. Then David, the shepherd boy, stepped forward. His **slingshot** whistled. One **stone** knocked **Goliath** to the ground. That was the day when a shepherd boy defeated a **warrior** who threatened God's sheep.

| | | | | | | | | | | | |
|---|---|---|---|---|---|---|---|---|---|---|---|
| T | S | Z | R | O | I | R | R | A | W | E | T |
| O | D | O | N | V | C | H | P | N | B | M | Y |
| H | S | W | L | Q | S | E | D | H | C | B | M |
| S | R | N | Y | D | E | T | T | P | G | A | E |
| G | N | K | O | H | I | N | O | I | N | R | N |
| N | D | N | S | I | A | E | F | N | Q | R | E |
| I | I | K | L | I | T | T | R | J | E | A | F |
| L | V | L | G | K | S | S | R | S | L | S | G |
| S | A | B | R | O | T | H | E | R | S | S | C |
| N | D | Y | R | G | N | A | K | U | K | E | P |
| R | N | M | F | I | G | H | T | G | Q | D | X |
| K | L | M | B | H | T | A | I | L | O | G | F |

# FREDERICK DOUGLASS

## THE HONOR OF GOOD PEOPLE WILL LEAD THEM.
### PROVERBS 11:3

Frederick **Douglass** was **brave** enough to **tell the truth**. He expected others to do the same. **Frederick** was born a **slave**. Just before he became a **teenager**, he learned the **alphabet**. He wanted to **learn** more. He kept on learning. Within a year, Frederick came to **believe** in **Jesus**. Maybe Frederick remembered that it was **wisdom** and **faith** as a **child** that made him a man who knew that **freedom** should be for **everyone**.

```
N  N  N  Z  C  V  X  S  F  Q  C  T
M  V  G  V  M  H  E  S  R  L  M  E
O  M  S  C  K  V  I  A  E  C  Z  L
D  F  N  L  E  R  L  L  E  C  T  L
S  N  K  I  A  P  L  G  D  R  E  T
I  U  L  P  H  V  W  U  O  Q  E  H
W  E  S  A  G  H  E  O  M  E  N  E
B  G  B  E  N  K  Z  D  V  P  A  T
T  E  T  L  J  N  R  A  E  L  G  R
T  T  X  E  V  E  R  Y  O  N  E  U
F  A  I  T  H  B  V  L  T  K  R  T
R  W  F  R  E  D  E  R  I  C  K  H
```

# TONY DUNGY

HE WHO WATCHES OVER HIS MOUTH
AND HIS TONGUE KEEPS HIS
SOUL FROM TROUBLES.

PROVERBS 21:23

Tony **Dungy** writes bestselling **books**. He is a **dad**. He was also a very successful **football** coach. He has won plenty of **awards**. Most people who know **Tony** would say that he knows how to **encourage** people. He didn't want to make his **team** feel bad. He offered encouragement and **inspired** dreams. Tony has **worked** with **Big Brothers**/Big Sisters, Boys and Girls Club, and other **charities**. Tony was **courageous** enough to try new ways to **coach** sports. God inspired him.

```
N  B  I  G  B  R  O  T  H  E  R  S
Y  G  T  Y  Q  D  K  C  H  S  S  K
K  N  M  G  B  D  A  D  K  E  U  P
F  K  R  N  M  G  N  O  Q  I  O  D
A  O  L  U  G  A  O  D  C  T  E  E
W  F  O  D  L  B  E  D  K  I  G  R
A  C  Y  T  R  N  E  T  R  R  A  I
R  W  O  T  B  K  K  R  K  A  R  P
D  R  O  A  R  A  D  K  M  H  U  S
S  N  N  O  C  J  L  L  B  C  O  N
Y  M  W  N  W  H  M  L  W  R  C  I
G  H  V  E  G  A  R  U  O  C  N  E
```

# JONATHAN EDWARDS

## THE HEAVENS ARE TELLING OF THE GREATNESS OF GOD.
### PSALM 19:1

Jonathan **Edwards** spent time **outside**. He **explored** the height of **trees**, the depth of **creeks**, and the width of **canyons**. God made everything to show His **creativity**. That's why Jonathan was so **interested** in **spiders**, the effects of **light**, and how God made eyes to see all God's **big and small** creations. **Jonathan** followed God for the rest of his life. He was a **preacher**, wrote **books**, and was the president of a **college**—but creation always found him applauding God.

| | | | | | | | | | | | |
|---|---|---|---|---|---|---|---|---|---|---|---|
| T | Y | T | I | V | I | T | A | E | R | C | E |
| L | H | E | G | E | L | L | O | C | A | D | C |
| L | D | G | G | C | H | M | G | N | I | G | R |
| A | E | B | I | C | H | R | Y | S | S | P | E |
| M | T | S | B | L | G | O | T | R | L | C | E |
| S | S | D | Y | O | N | U | E | R | P | L | K |
| D | E | R | X | S | O | D | H | W | E | W | S |
| N | R | A | D | F | I | K | L | F | G | E | M |
| A | E | W | V | P | K | Q | S | Q | C | N | S |
| G | T | D | S | P | R | E | A | C | H | E | R |
| I | N | E | J | O | N | A | T | H | A | N | L |
| B | I | E | X | P | L | O | R | E | D | W | F |

# ELIJAH

## READ THIS STORY OF ELIJAH IN YOUR BIBLE. YOU'LL FIND IT IN 1 KINGS 17–18.

The people wanted **rain**, but they turned their **backs** on God. Even the **king** turned away from God. The **people** should have <u>**sought God**</u> more than they sought rain. **Elijah** had the long-term **weather forecast**: No rain. Lots of **sunshine**. One day Elijah asked the king to meet him on the **mountain**. Elijah **proved** that <u>**only God**</u> was **worth following**. Elijah **prayed**. The sky turned from blue, to gray, to black. Elijah prayed, but God made the rain.

| E | T | R | O | K | P | Z | Q | L | Z | F | F |
|---|---|---|---|---|---|---|---|---|---|---|---|
| N | B | S | P | N | R | E | P | V | E | N | O |
| I | M | P | A | B | L | R | O | L | R | D | L |
| H | S | O | T | C | A | Y | I | P | E | N | L |
| S | O | G | U | Y | E | J | G | V | L | S | O |
| N | U | R | E | N | A | R | O | O | K | E | W |
| U | G | D | N | H | T | R | O | C | D | N | I |
| S | H | F | I | C | P | A | A | F | L | T | N |
| C | T | N | A | Y | Q | B | I | M | L | K | G |
| B | G | Y | R | K | M | T | M | N | K | M | T |
| W | O | R | T | H | R | E | H | T | A | E | W |
| Y | D | G | K | I | N | G | V | T | D | X | V |

# ELISHA

READ THE STORY OF ELISHA IN YOUR BIBLE. YOU'LL FIND IT IN 2 KINGS.

**Elisha** was the **student** of **Elijah**. He didn't mind **small jobs**. If Elijah needed **water**, Elisha got it for him. If he needed someone to **carry** something, Elisha carried it. God was **preparing** Elisha to do **bigger things**. People began to **turn** to Elisha for help. Elisha **served God** and God helped Elisha. The people weren't following God, but Elisha was **teaching** them, and they began to **follow** again. God did **miracles** through Elisha. Elisha was **willing** to do what God asked.

```
M  B  B  X  N  P  T  A  T  C  Z  L
B  I  G  G  E  R  T  H  I  N  G  S
Z  L  S  C  L  N  C  S  V  N  N  D
T  N  J  M  C  Z  T  I  I  K  I  O
M  F  R  A  A  N  M  L  D  W  H  G
Q  I  R  T  E  L  L  E  O  A  C  D
N  R  R  D  R  I  L  L  R  T  A  E
Y  R  U  A  W  M  L  J  L  E  E  V
N  T  U  T  C  O  M  W  O  R  T  R
S  W  D  T  F  L  M  T  M  B  L  E
G  N  I  R  A  P  E  R  P  G  S  S
Z  E  L  I  J  A  H  S  T  G  D  M
```

# JIM ELLIOT

## HAVE NOTHING TO DO WITH YOUR OLD SINFUL LIFE.
### EPHESIANS 4:22

Jim **Elliot** was a **missionary** to **Ecuador**. He **traveled** with four other missionaries by **plane**. They met a cautious **tribe** along the **Curaray** River. The tribe needed to know **Jesus**, but when the missionaries arrived, tribal members **killed** Jim and his missionary **friends**. Soon, the people would **listen**. Many of those who had killed the missionaries became **convinced** that only God could **rescue** them, **love** them, and give them a future that didn't need **fear** or **hate**.

```
T  T  Y  A  R  A  R  U  C  L  G  C
D  E  C  N  I  V  N  O  C  T  Y  J
V  T  T  M  T  V  L  T  R  R  P  Z
V  O  N  A  Q  R  R  O  A  B  L  D
K  I  L  D  H  I  A  N  V  E  A  E
L  L  T  K  B  S  O  V  U  E  N  L
I  L  W  E  K  I  U  C  E  F  E  L
S  E  X  T  S  X  S  S  E  L  X  I
T  Y  B  S  D  E  Y  A  E  M  E  K
E  H  I  K  R  D  R  B  G  J  T  D
N  M  E  C  U  A  D  O  R  K  R  C
G  M  C  Z  C  F  R  I  E  N  D  S
```

# EZEKIEL

READ THE STORY OF EZEKIEL IN YOUR BIBLE. YOU'LL FIND IT IN THE BOOK OF EZEKIEL.

God gave **Ezekiel** a **message** for the people of **Israel**. They would be **sent away**. The people had turned their backs on God. Ezekiel had been given a **hard job**. The people **sinned** for so long they didn't **believe** God meant what Ezekiel told them. He also had some **good news** to share: God's **correction** wouldn't last **forever**. A time would come when the people would come **back home** with a fresh **choice** to obey God. He **loved** them too much to let them **stay lost**.

```
M  K  C  S  E  N  T  A  W  A  Y  T
V  Y  C  O  K  D  P  V  E  L  T  G
F  N  H  B  R  H  E  G  C  X  N  F
S  O  G  A  L  R  A  V  B  W  C  S
T  K  R  T  R  S  E  E  O  H  Q  I
A  M  J  E  S  D  L  C  O  L  M  N
Y  X  L  E  V  I  J  I  T  E  V  N
L  L  M  L  E  E  C  O  T  I  D  E
O  F  R  V  K  E  R  F  B  K  O  D
S  L  E  I  S  R  A  E  L  E  M  N
T  E  M  O  H  K  C  A  B  Z  W  W
S  W  E  N  D  O  O  G  X  E  D  H
```

# RADAMEL FALCAO

## TEACH THE WORDS OF TRUTH IN THE RIGHT WAY.
### 2 TIMOTHY 2:15

Radamel **Falcao** is a great **soccer player**. He played in the **World Cup** and was part of many of the world's best soccer **teams**. Born in **Colombia**, Radamel found that the **Bible** means more to him than he **believed** possible. **Radamel** doesn't keep his **trust** in **Jesus** to himself; he wants to **share** it with everyone. That takes **courage**. When God has every part of **your life**, He can **change** you and **invite** others to join you.

| | | | | | | | | | | | |
|---|---|---|---|---|---|---|---|---|---|---|---|
| T | W | O | R | L | D | C | U | P | M | R | R |
| Q | T | C | L | N | T | T | H | L | P | E | S |
| H | S | O | V | E | F | E | E | N | Y | R | U |
| Y | U | L | K | L | M | R | A | A | L | O | S |
| O | R | O | W | C | A | A | L | M | B | A | E |
| U | T | M | L | H | H | P | D | I | S | C | J |
| R | V | B | S | R | R | A | B | A | G | L | L |
| L | D | I | N | E | D | L | N | P | R | A | J |
| I | V | A | C | N | E | Z | Y | G | N | F | T |
| F | G | C | D | E | V | E | I | L | E | B | L |
| E | O | M | C | O | U | R | A | G | E | M | N |
| S | J | Q | R | T | I | N | V | I | T | E | R |

# CHARLES FINNEY

**YOUR HEART SHOULD BE HOLY AND SET APART FOR THE LORD GOD.**

1 PETER 3:15

Charles **Finney** was a **preacher.** He wanted to tell people about God's Son, **Jesus.** He wanted to help people use the **Word of God** to help them do the **right thing.** He wanted people to **know** that no matter what they **thought**, God was always **right. Charles** wanted his **life** to be filled with **moments** when he could share what he **believed.** He didn't want anyone to think you could say **nice things** about Jesus but never **obey** what He said.

```
Y  N  I  C  E  T  H  I  N  G  S  R
E  R  I  G  H  T  T  H  I  N  G  P
N  Y  F  M  L  H  C  R  X  T  Q  W
N  E  Q  D  O  R  E  R  M  G  B  O
I  B  E  U  T  H  G  I  R  E  R  R
F  O  G  F  C  H  A  R  L  E  S  D
L  H  Z  A  I  N  G  I  J  K  P  O
T  T  E  K  K  L  E  M  K  R  Y  F
G  R  G  C  N  V  J  E  S  U  S  G
P  H  M  K  E  O  F  R  N  J  T  O
J  L  M  D  N  F  W  D  B  G  L  D
H  R  J  C  S  T  N  E  M  O  M  F
```

# GIDEON

READ THIS STORY OF GIDEON IN YOUR BIBLE. YOU'LL FIND IT IN JUDGES 6-7.

No one thought **Israel** could win against the **Midianites**. God wanted the Israelites to **follow** Him, but they didn't **listen** very well. When God told **Gideon** to **rescue** the people, Gideon didn't think of himself as a **leader**. But when **God sent**, Gideon went. Three hundred **soldiers** were given jars and **trumpets**. When the time was right, they **broke** the jars and blew the trumpets. Suddenly the Midianites were **confused** and **afraid**. God was **strong** enough to take a small army and win a **big battle**.

```
L  M  X  B  I  G  B  A  T  T  L  E
Q  I  F  L  F  O  L  L  O  W  S  K
L  Z  S  V  R  R  E  D  A  E  L  S
E  G  A  T  G  G  K  D  T  R  G  R
A  N  Z  F  E  T  X  I  E  G  I  E
R  O  W  K  R  N  N  S  F  K  D  I
S  R  T  Z  E  A  C  E  J  K  E  D
I  T  Y  K  I  U  I  D  S  C  O  L
W  S  O  D  E  M  N  D  C  D  N  O
X  R  I  H  H  C  W  Z  F  X  O  S
B  M  C  O  N  F  U  S  E  D  F  G
N  L  W  K  S  T  E  P  M  U  R  T
```

# THe GOOD SAMARITAN

## READ THE STORY OF THE GOOD SAMARITAN IN YOUR BIBLE. YOU'LL FIND IT IN LUKE 10:25-37.

A man walked alone between **Jerusalem** and **Jericho**. The **journey** was **dangerous**. There were lots of **hiding places** for **robbers**. These thieves **beat** the man up, **took** his belongings, and ran away. The man was **hurt** so badly that he couldn't walk. He couldn't **call for help**. Two people came by. They noticed the man and saw that he was hurt. They should have **aided** him, but they didn't. Then the good **Samaritan** came by. Everybody was unfriendly to Samaritans. But the Samaritan stopped *and* took care of him. The point of this story from **Jesus?** "Go and **do the same**."

```
H  H  M  L  J  O  U  R  N  E  Y  C
I  R  B  K  O  O  T  C  X  R  N  A
D  H  O  F  B  T  Q  O  N  J  A  L
I  W  S  B  T  M  H  N  M  E  T  L
N  V  U  K  B  C  J  B  E  M  I  F
G  T  O  L  I  E  E  K  L  A  R  O
P  T  R  R  M  A  R  D  A  S  A  R
L  C  E  U  T  H  E  S  S  E  M  H
A  J  G  Y  H  D  R  Z  U  H  A  E
C  F  N  F  I  N  B  G  R  T  S  L
E  M  A  A  K  Q  B  Z  E  O  G  P
S  P  D  J  E  S  U  S  J  D  T  L
```

## WHAT YOU HAVE HEARD ME SAY IN FRONT OF MANY PEOPLE, YOU MUST TEACH TO FAITHFUL MEN.

### 2 TIMOTHY 2:2

Billy **Graham** was one of the most **admired** men in **American history**. He **spoke** with twelve **presidents** about his **faith**. He **preached** on **television** to more than a **billion** people. Many will say that **Billy introduced** them to Jesus. He showed what it looked like to **follow Jesus**. Growing up, Billy seemed like any other boy. When he was sixteen years old, Billy **decided** to follow God—and he never looked back.

```
J  T  E  L  E  V  I  S  I  O  N  S
W  D  E  H  C  A  E  R  P  B  T  T
S  U  S  E  J  W  O  L  L  O  F  N
A  M  E  R  I  C  A  N  H  Y  L  E
X  K  X  H  L  N  M  R  L  F  D  D
T  D  M  S  I  R  O  L  A  E  N  I
T  E  A  P  S  I  I  R  B  M  S
F  D  H  O  F  B  T  I  L  M  N  E
C  I  A  K  F  H  M  O  V  L  W  R
T  C  R  E  J  D  R  Z  R  P  I  P
J  E  G  F  A  K  R  T  X  Y  L  B
N  D  I  N  T  R  O  D  U  C  E  D
```

# DAVID GREEN

## GOD LOVES A MAN WHO GIVES BECAUSE HE WANTS TO GIVE.
### 2 CORINTHIANS 9:7

What if you got **two gifts** with the instruction to **give one** away? Would that be easy to do? David **Green** made that kind of **choice** for his **company**, Hobby Lobby. **David** served God by making miniature **picture** frames. That's how he started his company. From the **beginning**, he made sure that God could use what he **earned** to **help others**. One-half goes to help people **learn** more about God, train **students** to **serve God**, and make God **famous**.

```
C   G   Q   L   G   R   E   E   N   D   D   W
O   H   N   N   R   A   E   L   T   A   W   X
M   E   O   I   R   L   N   L   V   F   G   F
P   L   K   I   N   F   Q   I   S   A   S   S
A   P   L   X   C   N   D   B   E   M   T   T
N   O   K   T   H   E   I   N   R   O   F   N
Y   T   M   N   Q   D   O   G   V   U   I   E
M   H   K   C   F   E   W   N   E   S   G   D
D   E   K   W   V   N   R   G   G   B   O   U
T   R   G   I   Q   R   X   L   O   K   W   T
L   S   G   R   M   A   N   P   D   W   T   S
W   W   Z   W   J   E   R   U   T   C   I   P
```

# HEZEKIAH

READ THE STORY OF HEZEKIAH IN YOUR BIBLE. YOU'LL FIND IT IN 2 KINGS 18–20.

**Hezekiah** was a king in **Judah**, but he wasn't sure he really knew how to **pray to God**. His dad, **Ahaz**, was a terrible **role model** for his son and the **country** he was supposed to **lead**. There was no normal place to **worship God**—this made God sad. Hezekiah wanted to become a **better** role model for his **people**. He opened the **temple**, and the **priests** spoke only about the true God. The people were **invited** to **follow** God again. God was **pleased**.

```
I  Z  Z  Z  T  E  F  R  G  H  F  M
K  N  G  X  L  L  P  O  M  A  O  T
R  C  V  P  X  L  L  L  L  I  L  Q
H  E  M  I  E  G  C  E  E  K  L  R
A  E  T  A  T  O  J  M  L  E  O  K
T  H  S  T  U  E  H  O  P  Z  W  K
B  E  A  N  E  A  D  D  O  E  J  K
D  G  T  Z  D  B  T  E  E  H  Z  K
D  R  R  U  W  D  Q  L  P  H  J  H
Y  Z  J  P  R  A  Y  T  O  G  O  D
V  N  D  O  G  P  I  H  S  R  O  W
D  A  E  L  P  R  I  E  S  T  S  L
```

# PATRICK HENRY HUGHES

## I AM SURE THAT GOD WHO BEGAN THE GOOD WORK IN YOU WILL KEEP ON WORKING IN YOU UNTIL THE DAY JESUS CHRIST COMES AGAIN.

### PHILIPPIANS 1:6

Patrick Henry **Hughes** was born **without eyes**. He has never **walked** on a **beach** or **watched** a **sunset**. He began to play the **piano** when he was nine months old. He played in his high school **marching band**. His dad pushed his **wheelchair**. **Patrick** Henry could have **gotten mad**, but he thinks his **handicap** helps him **love** people. Patrick Henry's **faith** is strong.

| | | | | | | | | | | | |
|---|---|---|---|---|---|---|---|---|---|---|---|
| D | A | M | N | E | T | T | O | G | Y | S | S |
| K | K | Z | W | A | L | K | E | D | E | U | Q |
| P | C | O | N | A | I | P | M | Y | N | F | W |
| A | S | I | M | R | Y | T | E | S | Q | F | A |
| C | E | G | R | L | Y | T | E | M | H | W | T |
| I | H | F | R | T | U | T | B | L | E | K | C |
| D | G | P | A | O | A | N | B | V | P | X | H |
| N | U | L | H | I | F | P | O | E | L | X | E |
| A | H | T | F | R | T | L | M | D | A | R | D |
| H | I | T | R | R | Z | H | R | N | M | C | M |
| W | W | H | E | E | L | C | H | A | I | R | H |
| M | A | R | C | H | I | N | G | B | A | N | D |

# ISAIAH

## READ THE STORY OF ISAIAH IN YOUR BIBLE. YOU'LL FIND IT IN THE BOOK OF ISAIAH.

**Isaiah** had the job of **telling** people about **Jesus** hundreds of years *before* Jesus was **born.** No other book in the **Old Testament** has more to say about Jesus. Imagine being able to tell people about someone who will **live** in the **future.** You'd have to do a lot of **guessing,** but **God told** Isaiah about Jesus, and that was the **message** God asked him to **share.** Many **books** in the New Testament **quote** the words God asked Isaiah to **write.**

```
M  F  D  M  Y  E  B  D  B  H  C  V
B  R  W  G  V  F  G  D  Q  A  M  Y
L  O  K  D  U  N  T  A  F  I  Q  M
I  V  R  T  J  P  Q  L  S  A  Z  G
V  K  U  N  J  E  S  U  S  S  N  Y
E  R  Q  C  S  K  O  O  B  I  E  T
E  M  R  K  L  T  D  P  L  T  N  M
R  L  K  X  R  J  L  L  O  V  K  H
A  G  N  I  S  S  E  U  G  P  R  V
H  V  K  N  X  T  Q  W  R  I  T  E
S  Y  D  L  O  T  D  O  G  L  Y  P
T  N  E  M  A  T  S  E  T  D  L  O
```

# JACOB AND ESAU

## READ THE STORY OF JACOB AND ESAU IN YOUR BIBLE. YOU'LL FIND IT IN GENESIS 25–33.

**Jacob** and **Esau** were **brothers**. Their parents, **Isaac** and **Rebekah**, played **favorites**. Mom liked Jacob, and Dad favored Esau. They were **twins**, but these two brothers couldn't stand each other. Jacob **tricked** his brother to get something he really wanted. When their dad was about to die, he **blessed** Jacob, thinking he was Esau. Jacob was **happy** that his dad blessed him. Esau was **really mad**! But in time, the best **gift** these brothers **gave** each other was **forgiveness**.

```
D  R  N  N  H  S  N  I  W  T  L  D
S  E  L  K  B  R  O  T  H  E  R  S
S  A  K  G  I  F  T  B  R  N  L  D
E  L  M  C  T  S  X  D  K  L  F  E
N  L  V  M  I  Y  A  Y  H  A  P  S
E  Y  B  T  R  R  P  A  V  M  R  S
V  M  O  D  R  P  T  O  C  M  E  E
I  A  C  G  A  N  R  N  W  U  B  L
G  D  A  H  A  I  B  M  A  H  E  B
R  J  J  J  T  V  V  S  W  B  K  W
O  W  V  E  R  V  E  G  V  J  A  B
F  D  S  R  B  R  D  M  K  W  H  V
```

# JAMES

READ THE STORY OF JAMES IN YOUR BIBLE. YOU'LL FIND IT IN THE BOOKS OF MATTHEW, MARK, LUKE, AND JOHN.

**Jesus** invited **James** on the **adventure** of a **lifetime**. James was a **fisherman**. Pulling up the **nets** and tying down the **boat** came naturally to him. His life seemed **simple**, but it was what he was used to. He wasn't looking for a **new job**. But Jesus said two words, "**Follow Me**." James followed. He saw Jesus **heal people**. He **ate food** with God's Son. This was much better than **mending** nets and **cleaning** fish.

```
B  F  O  L  L  O  W  M  E  Z  H  F
M  E  N  D  I  N  G  P  M  M  E  I
L  A  D  V  E  N  T  U  R  E  A  S
G  I  N  D  W  Q  S  N  M  N  L  H
Y  M  F  L  O  E  B  S  R  N  P  E
N  L  F  E  M  O  E  U  N  R  E  R
R  V  X  A  T  L  F  S  R  G  O  M
N  Q  J  N  P  I  V  E  B  R  P  A
G  D  E  M  B  P  M  J  T  F  L  N
L  T  I  B  O  J  W  E  N  A  E  N
S  S  H  N  F  F  N  T  A  O  B  P
G  N  I  N  A  E  L  C  N  L  Y  G
```

# JEREMIAH

## READ THE STORY OF JEREMIAH IN YOUR BIBLE. YOU'LL FIND IT IN THE BOOK OF JEREMIAH.

God gave **Jeremiah** a **message**, but who would **listen** to him? Wasn't he **too young**? There was a **good king** named **Josiah** who was also young. Jeremiah helped **teach** the people God's **law.** Josiah needed **help.** Jeremiah needed **confidence.** Years passed. New kings came and went. As Jeremiah got **older,** his job became **harder.** No one wanted to hear God's message anymore. The new kings didn't want Jeremiah's help. He didn't need to **worry.** God gave a **promise,** and He always keeps promises.

| | | | | | | | | | | | |
|---|---|---|---|---|---|---|---|---|---|---|---|
| R | P | R | T | R | W | J | P | P | K | L | R |
| K | R | D | E | Y | O | A | P | R | Q | C | B |
| Y | K | D | R | S | H | G | L | L | L | C | B |
| T | L | L | I | S | T | E | N | T | P | O | R |
| O | O | A | H | C | A | E | T | H | L | N | G |
| E | H | O | X | F | T | G | E | A | E | F | O |
| S | W | Q | Y | F | R | G | C | I | H | I | O |
| I | N | D | T | O | A | T | X | M | R | D | D |
| M | N | L | K | S | U | R | T | E | Y | E | K |
| O | G | T | S | L | Z | N | Z | R | Z | N | I |
| R | R | E | D | R | A | H | G | E | M | C | N |
| P | M | D | W | O | R | R | Y | J | T | E | G |

# Jesus

READ THE STORY OF JESUS IN YOUR BIBLE. YOU'LL FIND IT IN BOOKS OF MATTHEW, MARK, LUKE, AND JOHN.

**Jesus** was born in **Bethlehem**. When He was **twelve** years old, He **impressed** the religious **leaders** with His **wisdom**. At **thirty**, He told people that **God loved** *everyone*. God was more interested in their **hearts** than their **good deeds**. Jesus said He would **need to die** to pay for the sins of every person who has ever lived. It happened just as Jesus said. One **Friday**, Jesus died on a **cross**, and by **Sunday** He **rose** from the dead. He paid for **your sin**.

| | | | | | | | | | | | |
|---|---|---|---|---|---|---|---|---|---|---|---|
| Y | Y | R | N | L | N | D | L | M | S | Q | Z |
| O | J | A | O | F | L | M | E | N | D | Z | G |
| U | I | W | D | S | G | H | A | E | E | S | O |
| R | D | M | J | I | E | H | D | E | E | U | D |
| S | S | J | P | L | R | F | E | D | D | S | L |
| I | H | T | H | R | W | F | R | T | D | E | O |
| N | B | T | R | I | E | S | S | O | O | J | V |
| L | E | Z | S | A | S | S | R | D | O | R | E |
| B | C | D | N | O | E | Q | S | I | G | K | D |
| R | O | K | R | H | Z | H | F | E | K | K | M |
| M | K | C | Y | T | R | I | H | T | D | D | G |
| T | W | E | L | V | E | S | U | N | D | A | Y |

# JOB

READ THE STORY OF JOB IN YOUR BIBLE. YOU'LL FIND IT IN THE BOOK OF JOB.

**Everything** was **taken** from Job in **one day**, and he was a **very rich man**. He **loved God**, but even his **health** was taken. Soon he was covered in **sores**. Job tried to understand. **Friends** dropped by to visit. They said Job must have done something to make God **angry**. They said he made **wrong choices**. His friends made him **feel worse**. Job couldn't remember doing anything wrong—and he hadn't. God was **faithful**. He would **bless Job** with **land**, **animals**, and a new family.

```
S  K  T  G  B  D  W  N  V  M  V  H
E  F  A  N  I  M  A  L  S  M  E  G
C  E  R  I  L  S  D  N  E  I  R  F
I  E  X  H  O  N  E  D  A  Y  Y  F
O  L  L  T  K  M  S  R  L  B  R  A
H  W  J  Y  H  O  K  F  O  L  I  I
C  O  H  R  R  V  B  D  V  E  C  T
G  R  T  E  P  G  N  N  E  S  H  H
N  S  S  V  A  E  N  D  D  S  M  F
O  E  Y  E  K  L  N  A  G  J  A  U
R  D  Y  A  G  A  T  B  O  O  N  L
W  T  T  G  L  N  R  H  D  B  Q  K
```

# JOHN

READ THE STORY OF JOHN IN YOUR BIBLE.
YOU'LL FIND IT IN THE BOOKS OF JOHN;
1, 2, 3 JOHN; AND REVELATION.

**John** was one of Jesus' **disciples**. He wanted to spend **more time** with **Jesus**. John was the disciple Jesus especially **loved**. After the other disciples died, John was **writing** God's **words**. John was there when Jesus brought a **little girl back to life**, when **soldiers** came to **arrest** Him, and when Jesus was **crucified**. John believed that Jesus was God's Son. John made sure other **people** knew the **truth** about Jesus.

```
D  K  N  J  M  O  R  E  T  I  M  E
T  E  M  L  H  K  Y  H  Z  Y  S  T
L  Z  I  B  J  H  V  W  X  E  L  E
N  R  R  F  T  E  R  M  L  T  L  F
S  P  I  U  I  I  S  P  L  P  N  I
L  O  R  G  T  C  I  U  O  M  H  L
O  T  L  I  E  C  U  E  S  F  O  O
V  X  N  D  S  L  P  R  T  K  J  T
E  G  X  I  I  J  T  H  C  D  Z  K
D  L  D  G  T  E  L  T  B  K  N  C
T  S  E  R  R  A  R  T  I  C  T  A
T  S  D  R  O  W  M  S  P  L  R  B
```

# JOHN THE BAPTIST

## READ THE STORY OF JOHN THE BAPTIST IN YOUR BIBLE. YOU'LL FIND IT IN MATTHEW 3.

Before he was even born, **John** the **Baptist** was given the job of telling people about **Jesus.** John made sure everything was **ready** so that when Jesus **arrived**, people would be ready to **listen** and **follow** Him. People came to **hear** John **preach.** They thought he was very **interesting.** He was becoming **famous.** It's a good thing John **remembered** his **real job.** When Jesus arrived, John knew he **had done** what he was supposed to do. He **talked** about Jesus.

```
K   D   R   E   M   E   M   B   E   R   E   D
A   R   X   B   D   E   K   L   A   T   G   G
R   W   O   L   L   O   F   R   T   F   L   N
R   E   A   L   J   O   B   Y   T   Q   G   I
I   H   A   J   J   E   S   U   S   S   R   T
V   C   C   D   Z   Y   L   N   U   M   S   S
E   A   M   W   Y   I   K   O   G   I   T   E
D   E   L   Z   S   R   M   T   T   N   T   R
B   R   M   T   T   A   A   P   F   N   C   E
Y   P   E   C   F   V   A   E   V   H   L   T
G   N   P   T   F   B   T   W   H   O   G   N
G   T   E   N   O   D   D   A   H   J   C   I
```

# JONAH

READ THE STORY OF JONAH IN YOUR BIBLE.
YOU'LL FIND IT IN THE BOOK OF JONAH.

**Jonah** heard God's **message**. He was supposed to **share** it, but he **ran away** instead. He was **on a ship** when God sent a **fish** large enough to **swallow** Jonah after the crew **tossed** him **into the sea**. For **three days**, Jonah lived **inside** the fish. He had time to **think**. He **changed** his mind. Jonah was ready to **deliver** God's message. Jonah would have been happy to see God **punish** those who heard the message. But *God* loves to **show mercy**.

| S | H | A | R | E | T | H | I | N | K | W | T |
|---|---|---|---|---|---|---|---|---|---|---|---|
| A | X | S | Y | A | D | E | E | R | H | T | O |
| E | N | M | W | D | D | M | P | Z | E | X | N |
| S | D | H | R | I | E | U | P | G | R | J | A |
| E | E | C | S | A | N | S | A | M | J | N | S |
| H | L | N | H | I | N | S | S | B | N | F | H |
| T | I | J | S | A | S | A | X | O | I | H | I |
| O | V | H | H | E | N | N | W | S | T | A | P |
| T | E | K | M | Y | F | G | H | A | Y | N | P |
| N | R | R | N | R | K | C | E | N | Y | O | G |
| I | W | O | L | L | A | W | S | D | D | J | T |
| Y | C | R | E | M | W | O | H | S | P | V | V |

# JONATHAN

READ THIS STORY OF JONATHAN IN YOUR BIBLE. YOU'LL FIND IT IN I SAMUEL 20.

**Jonathan** was supposed to be Israel's **second king** after his father, **Saul**, died. God had different **plans**. Jonathan **agreed** that God's plans were **better. David**, the boy who defeated **Goliath**, was to be the next king. Instead of becoming **jealous**, Jonathan became David's **best friend**. One day David heard that King Saul wanted to **kill** him. David asked Jonathan to **warn him** if this was **true**. Jonathan warned David because he was a **courageous** friend. He thought more about friendship than about becoming king.

```
B  E  S  T  F  R  I  E  N  D  T  F
H  Y  P  K  L  J  K  B  P  G  V  S
Q  T  G  P  M  R  E  T  N  C  N  U
M  T  A  Y  L  T  G  I  Q  O  A  O
I  R  L  I  T  A  K  T  R  U  H  L
H  K  C  E  L  D  N  L  Y  R  T  A
N  R  R  B  N  O  L  S  A  A  A  E
R  R  Z  O  F  I  G  R  G  G  N  J
A  T  C  M  K  R  Z  L  R  E  O  R
W  E  R  D  I  V  A  D  E  O  J  L
S  X  X  U  D  L  D  K  E  U  P  X
S  A  U  L  E  G  X  T  D  S  R  H
```

# JOSEPH

READ THE STORY OF JOSEPH IN YOUR BIBLE. YOU'LL FIND IT IN GENESIS 37, 39–45.

Joseph's father, **Jacob**, gave him a **special coat**. Joseph's **brothers** were **jealous**. They took his coat. Then they **sold Joseph** as a **slave**. The bad **decisions** didn't stop. They told their dad that Joseph had been **killed**. God **helped** Joseph stay **strong** when *new* bad days came. Joseph would one day work for **Pharaoh**. Joseph stored up **extra food** in good times. When a **famine** came, Joseph's brothers wanted to buy food from him. Instead of being **angry**, Joseph **praised** God for making a plan to **save** his family.

```
C  N  D  O  O  F  A  R  T  X  E  T
B  W  B  P  R  A  I  S  E  D  A  B
O  B  R  O  T  H  E  R  S  O  S  P
C  Y  N  D  Z  D  K  X  C  W  L  H
A  W  R  G  R  I  E  L  M  E  A  A
J  C  T  G  L  J  A  P  V  J  V  R
G  C  T  L  N  I  E  A  L  M  E  A
N  F  E  K  C  A  S  A  G  E  R  O
O  D  X  E  G  N  R  T  L  D  H  H
R  T  P  D  E  C  I  S  I  O  N  S
T  S  F  E  N  I  M  A  F  Z  U  Y
S  H  P  E  S  O  J  D  L  O  S  S
```

# JOSEPH, HUSBAND OF MARY

## READ THE STORY OF JOSEPH IN YOUR BIBLE. YOU'LL FIND IT IN THE BOOKS OF MATTHEW, MARK, AND LUKE.

**Joseph** was a **carpenter**. His life was **simple**. He worked **hard**. He was ready to get **married** to a girl named **Mary**. Then he heard something he wasn't **expecting**: Mary was going to **have a baby**! He didn't want to **hurt** Mary, but this was a tough **surprise**. Then an **angel** came to **visit** Joseph and told him about baby **Jesus**. So Joseph got married and **helped** take care of God's Son, Jesus.

| G | N | I | T | C | E | P | X | E | Z | M | B |
|---|---|---|---|---|---|---|---|---|---|---|---|
| L | V | D | R | H | L | M | N | K | A | G | M |
| L | W | T | Z | P | A | P | F | R | H | J | A |
| H | E | L | P | E | D | R | Y | R | P | R | R |
| S | I | M | P | L | E | M | D | P | E | T | R |
| S | U | R | P | R | I | S | E | T | S | K | I |
| G | K | T | M | J | B | T | N | K | O | L | E |
| T | M | M | K | T | E | E | R | N | J | E | D |
| R | C | W | I | T | P | S | R | U | M | G | F |
| D | T | S | N | R | W | R | U | F | H | N | L |
| Q | I | N | A | Y | G | M | L | S | P | A | N |
| V | H | C | Y | B | A | B | A | E | V | A | H |

# JOSEPH OF ARIMATHEA

**READ THIS STORY OF JOSEPH OF ARIMATHEA IN YOUR BIBLE. YOU'LL FIND IT IN JOHN 19:38–42.**

**Joseph** was from the **city** of **Arimathea**. He saw **Jesus** hanging on the **cross**. He was **dead**. Joseph went to **Governor** Pilate. He asked for Jesus' **body** so he could <u>**bury Him**</u>. **Pilate** agreed. Joseph took Jesus' body from the cross and placed it in his **own tomb**. Jesus didn't stay in the **grave** very long. He died on **Friday**, but by **Sunday** He'd **risen** from the dead. He was the only person to *borrow* a grave.

```
F  N  V  L  M  O  W  N  T  O  M  B
R  R  T  F  R  O  N  R  E  V  O  G
I  T  Y  A  D  N  U  S  Y  Y  E  H
D  C  N  D  G  R  Y  T  C  T  C  G
A  W  E  L  I  R  I  M  A  B  R  M
Y  A  C  S  R  C  A  L  C  H  O  I
D  D  E  J  L  H  I  V  W  P  S  H
L  N  O  R  E  P  Q  L  E  E  S  Y
J  W  L  B  Z  S  G  H  X  S  Q  R
B  O  R  R  O  W  U  M  K  O  K  U
Q  D  T  P  H  K  V  S  T  J  Y  B
H  F  H  A  R  I  M  A  T  H  E  A
```

# JOSHUA

READ THE STORY OF JOSHUA IN YOUR BIBLE.
YOU'LL FIND IT IN THE BOOK OF JOSHUA.

God had a **special way** for **Joshua** to win a **battle** against **Jericho**. God wanted the **people** to walk around the **town walls**. When the **time** was right, they would **blow trumpets**. When the people **obeyed**, the walls of the city **came down**. God's **plans** always work. Joshua was a good **example**. The best thing **Moses** taught Joshua was that good leaders **follow God**. Joshua agreed with Moses. The people were **home**. God brought them there.

| | | | | | | | | | | |
|---|---|---|---|---|---|---|---|---|---|---|
| B | H | K | B | A | T | T | L | E | T | K | R |
| L | J | O | E | M | I | T | F | O | Z | Y | J |
| O | Z | E | M | B | Y | D | W | R | W | A | C |
| W | M | K | R | E | K | N | F | A | N | W | T |
| T | L | D | M | I | W | R | U | N | W | L | B |
| R | M | W | E | A | C | H | R | S | O | A | P |
| U | M | O | L | Y | S | H | N | M | D | I | E |
| M | K | L | S | O | E | A | O | Y | E | C | O |
| P | S | D | J | E | L | B | T | Z | M | E | P |
| E | D | J | V | P | S | H | O | L | A | P | L |
| T | L | E | X | A | M | P | L | E | C | S | E |
| S | V | F | O | L | L | O | W | G | O | D | C |

# JOSIAH

READ THE STORY OF JOSIAH IN YOUR BIBLE. YOU'LL FIND IT IN 2 KINGS 22:1–23:30.

**Josiah** was **eight years** old when he became **king.** He wanted to make **good choices** for himself and for the **people.** By his midtwenties, Josiah had the **temple repaired.** One day someone brought the king a **scroll** he'd found. This was God's **law.** Josiah had never seen it. When it was **read,** Josiah **cried.** The things he **learned** were things God wanted His people to do. No one was doing those things. *No one.* Josiah wanted his people to **follow God.**

```
K  C  K  Y  E  A  R  S  N  M  L  T
L  F  B  J  L  X  M  V  D  L  T  G
L  O  M  E  L  P  M  E  T  H  H  O
O  L  F  H  P  J  K  Y  G  T  A  O
R  L  M  D  X  D  D  I  P  L  I  D
C  O  F  L  E  E  E  E  T  L  S  C
S  W  X  K  I  R  O  C  E  K  O  H
L  G  T  R  I  P  I  A  Q  F  J  O
N  O  C  W  L  N  R  A  P  P  J  I
H  D  A  E  Q  N  G  Z  P  Z  J  C
L  L  N  J  E  Z  M  G  K  E  F  E
K  G  D  D  M  T  R  E  A  D  R  S
```

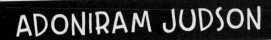

# ADONIRAM JUDSON

## THE LORD GIVES WISDOM.
### PROVERBS 2:6

Adoniram **Judson** was the **smartest** young man in his **college**. He thought being smart was more important than **trusting God**. He had a lot to **learn**. Eventually **Adoniram** wanted to be a **missionary**. He moved to **Burma** (now called **Myanmar**) where his **wife**, Ann, died. Several of his **children** also **died**. He wanted the **people** of Burma to **follow Jesus**, but very few followed in his first few years as a missionary. He still had a lot to learn. Adoniram was smart, but God is **wise**.

```
T  F  O  L  L  O  W  J  E  S  U  S
V  R  G  L  D  C  O  L  L  E  G  E
R  R  U  K  C  H  I  L  D  R  E  N
A  P  L  S  X  F  G  R  T  A  W  O
M  J  E  T  T  C  P  S  D  I  P  S
N  L  A  Q  L  I  E  O  S  H  E  D
A  R  R  M  E  T  N  E  Z  P  O  U
Y  B  N  F  R  I  D  G  J  N  P  J
M  B  I  A  R  U  W  I  G  B  L  B
Q  W  M  A  M  G  B  M  E  O  E  N
T  S  M  M  N  F  Y  V  R  D  D  R
Y  R  A  N  O  I  S  S  I  M  K  B
```

# CLAYTON KERSHAW

## O TASTE AND SEE THAT THE LORD IS GOOD.
### PSALM 34:8

Clayton **Kershaw** committed his life to **Jesus** in **high school**. Then he became an **impressive** baseball player. Some people think **Clayton** is one of the best **pitchers** in **baseball** history. **Fans** love him. More than that, **God loves** Clayton. Clayton loves God. In **Africa**, Clayton saw a **ministry** helping **children**. He decided to **donate** a hundred dollars for every **strikeout** he had that year. He threw a lot of strikeouts and **gave** a lot of **money** to help!

```
R  M  O  N  E  Y  L  J  Q  S  C  Z
E  Z  T  G  E  S  L  A  W  T  H  P
V  T  B  V  U  N  A  C  A  R  I  I
I  T  A  S  T  R  B  I  H  I  L  T
S  G  E  N  C  R  E  R  S  K  D  C
S  J  D  D  O  L  S  F  R  E  R  H
E  T  N  R  P  D  A  A  E  O  E  E
R  T  F  Y  T  N  B  Y  K  U  N  R
P  R  V  T  S  K  H  K  T  T  V  S
M  M  H  I  G  H  S  C  H  O  O  L
I  K  Y  R  T  S  I  N  I  M  N  V
X  F  L  Z  S  E  V  O  L  D  O  G
```

# KYLE KORVER

## OUR SINS TAKE US AWAY LIKE THE WIND.
### ISAIAH 64:6

God doesn't accept **extra credit**. Kyle **Korver** tried that. He **learned** from his **mistake**. Before he became a **star** in the National **Basketball** Association, **Kyle** was a pastor's kid. He **tried** to do what he thought a **good** pastor's kid would do. No matter **how hard** he tried, Kyle couldn't make God **like him**. Kyle needed to know the **truth**: *God already **loved him**.* Kyle decided he wanted to be more like **Jesus**—and not because he was trying to **impress God**.

```
T  L  D  O  G  S  S  E  R  P  M  I
I  L  N  L  E  A  R  N  E  D  N  W
D  M  L  L  I  K  E  H  I  M  B  L
E  D  X  L  D  E  I  R  T  C  C  O
R  O  S  P  A  T  T  R  X  K  R  V
C  O  T  M  T  B  E  X  D  Z  M  E
A  G  A  D  I  V  T  R  H  N  C  D
R  K  R  T  R  S  A  E  K  T  J  H
T  X  W  O  R  H  T  Y  K  E  K  I
X  T  K  X  W  U  L  A  S  S  Y  M
E  M  L  O  K  E  T  U  K  W  A  Q
D  B  H  R  R  R  S  H  W  E  H  B
```

# TRIP Lee

"IF ANYONE WANTS TO SERVE ME,
HE MUST FOLLOW ME."
JOHN 12:26

**Trip Lee** is a **rapper** and a **Christian**. Trip wants to **follow Jesus** in every **choice** he makes. He wants to be like Jesus—*by following Jesus.* To find his **place** in this **world**, he needed to find his place in God's world. He **spends time learning** the things **God** wants him to know by **reading** God's **Words**. If he's going to be an **example**, he knows he needs to **understand** what God says. Then do it.

```
F  K  H  C  H  R  I  S  T  I  A  N
C  O  H  D  L  R  O  W  G  C  R  M
H  E  L  V  G  N  J  N  R  E  E  P
O  E  Y  L  G  N  I  H  P  G  L  D
I  L  T  T  O  D  I  P  C  A  P  O
C  P  H  P  A  W  A  N  C  T  M  G
E  I  L  E  M  R  J  E  R  F  A  R
T  R  R  C  F  Y  T  E  X  A  X  R
W  T  N  J  D  R  K  H  S  X  E  M
R  D  W  O  R  D  S  J  Q  U  M  L
D  N  A  T  S  R  E  D  N  U  H
F  E  M  I  T  S  D  N  E  P  S  T
```

# C. S. LEWIS

## A FRIEND LOVES AT ALL TIMES. A BROTHER IS BORN TO SHARE TROUBLES.
### PROVERBS 17:17

C. S. **Lewis** wrote the **Chronicles** of **Narnia**. He went to university in **England** and became **friends** with J. R. R. **Tolkien** (author of Lord of the Rings). They met other men who would all become **authors**. They called themselves the **Inklings**. Their friendship meant they could <u>share ideas</u> before **writing** them. Each person became a **better** writer because they became friends. They wanted the **best** for <u>each other</u>. **Find** those kinds of friends.

| T | S | S | Z | M | J | S | T | F | I | N | D |
|---|---|---|---|---|---|---|---|---|---|---|---|
| P | A | K | G | R | P | I | N | J | M | C | T |
| R | E | G | N | N | G | W | V | J | S | S | T |
| E | D | C | I | T | I | E | L | E | E | O | N |
| H | I | V | T | E | V | L | L | B | L | P | N |
| T | E | C | I | Q | N | C | K | K | X | F | B |
| O | R | H | R | W | I | G | I | N | L | R | E |
| H | A | N | W | N | W | E | L | F | I | I | T |
| C | H | J | O | M | N | J | F | A | N | E | T |
| A | S | R | P | H | Q | G | F | D | N | N | E |
| E | H | S | R | O | H | T | U | A | F | D | R |
| C | P | B | N | A | R | N | I | A | C | S | M |

# ERIC LIDDELL

## WE KNOW THAT GOD MAKES ALL THINGS WORK TOGETHER FOR THE GOOD OF THOSE WHO LOVE HIM AND ARE CHOSEN TO BE A PART OF HIS PLAN.

ROMANS 8:28

Eric **Liddell** was a very **good runner**. He was so **fast** he went to the **Olympics** in **Paris** to compete. One of the **events** happened on **Sunday**. It was his **best** event. Would he run? It was an easy **decision**. No! **Eric** raced **another day** and **won**. God was honored. A year later, Eric became a **missionary** in **China**. This was another way he could **honor God**.

```
H  O  N  O  R  G  O  D  K  C  R  N
Y  A  D  N  U  S  D  E  I  E  L  O
M  T  D  P  T  R  V  R  N  Q  L  I
O  F  L  M  V  E  E  N  M  C  E  S
B  L  V  T  N  J  U  T  M  H  D  I
M  G  Y  T  S  R  M  M  Y  I  D  C
P  R  S  M  D  E  T  K  L  N  I  E
A  N  C  O  P  W  B  Q  F  A  L  D
R  Q  O  X  C  I  O  T  X  N  M  C
I  G  X  M  T  T  C  N  F  A  S  T
S  Y  R  A  N  O  I  S  S  I  M  X
M  A  N  O  T  H  E  R  D  A  Y  M
```

# DAVID LIVINGSTONE

"WITH GOD ALL THINGS CAN BE DONE."
MATTHEW 19:26

God called David **Livingstone** to be a missionary **doctor**. The problem was, **David** did not successfully pass the **courses** he needed to become a **missionary**. If they hadn't given him a **second chance**, he would not have become a missionary. He wasn't a good **preacher**. Most people believed he was a poor **leader**. But David was **willing** to go where **God sent** him. The work David did **changed** the way people thought about **slavery**, helped the world understand **Africa**, and brought **medical** help to people who were sick.

| | | | | | | | | | | | |
|---|---|---|---|---|---|---|---|---|---|---|---|
| D | D | A | V | I | D | J | P | T | N | N | E |
| V | E | N | M | T | X | R | E | X | N | M | C |
| G | T | G | K | W | E | K | N | P | R | I | N |
| Z | N | Z | N | A | T | T | O | O | Q | S | A |
| C | K | I | C | A | N | H | T | B | M | S | H |
| W | O | H | L | E | H | C | S | L | S | I | C |
| Q | E | U | S | L | O | C | G | A | L | O | D |
| R | L | D | R | D | I | B | N | C | A | N | N |
| Y | O | M | G | S | C | W | I | I | V | A | O |
| G | R | E | D | A | E | L | V | D | E | R | C |
| A | F | R | I | C | A | S | I | E | R | Y | E |
| M | B | K | B | R | R | Y | L | M | Y | X | S |

# MARTYN LLOYD-JONES

[JESUS SAID,] "ANYONE WHO HEARS
MY WORD AND PUTS HIS TRUST IN
HIM WHO SENT ME. . .HAS ALREADY
PASSED FROM DEATH INTO LIFE."
JOHN 5:24

Martyn **Lloyd-Jones** was the son of a **grocer**. It's not hard to imagine young Martyn **delivering** boxes and bags of groceries to **customers**. Maybe he thought he would take over his dad's **business** when he grew up. Things got **better** when he **followed** God's **plan**. For **Martyn**, that meant he would become a **preacher** at the famous **Westminster Chapel**. For thirty years, Martyn shared **Jesus** with the people of **London**.

```
R   T   B   N   A   L   P   R   K   P   R   T
D   D   E   L   I   V   E   R   I   N   G   W
E   S   B   L   R   C   R   L   J   R   B   E
W   E   M   U   O   V   O   N   E   G   C   S
O   N   N   R   S   N   W   H   R   H   U   T
L   O   G   Y   D   I   C   H   G   M   S   M
L   J   J   O   T   A   N   L   B   B   T   I
O   D   N   E   E   R   E   E   E   N   O   N
F   Y   X   R   S   P   A   T   S   F   M   S
G   O   P   G   A   U   T   M   Z   S   E   T
G   L   J   H   M   E   S   K   N   N   R   E
G   L   C   Y   R   N   Y   J   F   M   S   R
```

# LUKE

READ THE STORY OF LUKE IN YOUR BIBLE. YOU'LL FIND IT IN THE BOOKS OF LUKE AND ACTS.

**Luke** gets the **credit** for **writing** the **books** of Luke and **Acts** in the **Bible**. Luke wasn't one of Jesus' **disciples**. He didn't **travel** with **Jesus**. He didn't see the **miracles**. Luke was a **doctor** who listened to people who'd seen Jesus, **witnessed** His miracles, and **heard** Him speak. He wrote down these eyewitness **reports**. Luke also wrote the most complete report of Jesus' birth. He made it clear that Jesus was God's Son and He came to **rescue** you.

```
R  K  E  W  S  T  R  O  P  E  R  D
E  S  K  W  R  I  T  I  N  G  R  K
S  D  U  L  Q  T  R  L  Q  A  X  M
C  E  L  S  R  T  W  M  E  T  B  R
U  S  Y  A  E  X  B  H  H  I  T  T
E  S  V  P  G  J  W  O  B  V  I  N
Q  E  N  R  A  M  Q  L  O  D  D  R
L  N  V  Y  C  J  E  V  E  K  Q  O
J  T  N  J  T  Y  R  R  B  R  S  T
C  I  Y  R  S  M  C  B  J  K  N  C
W  W  S  E  L  P  I  C  S  I  D  O
M  I  R  A  C  L  E  S  T  K  F  D
```

# MARTIN LUTHER

## GOD HAS CHOSEN YOU. YOU ARE HOLY AND LOVED BY HIM.

### COLOSSIANS 3:12

Martin **Luther** was a well-known religious **leader** who thought that **every person** who ever lived **needed** God's help. You do too. Some **people** will **tell God** what they need, and God **will help**. Some will need God's help but **never ask**. God has always **loved you**. To **understand** how much you need God, **Martin** thought you should see yourself as a **beggar** who *knows* you need God's help. You can't buy God's help, and you can't earn it. But you should ask for it.

```
U  N  D  E  R  S  T  A  N  D  U  T
M  B  K  K  P  L  P  G  D  O  K  W
A  P  R  S  B  E  T  L  Y  C  R  N
R  L  E  W  A  F  R  D  K  E  V  K
T  E  H  C  B  R  E  S  D  C  K  X
I  H  T  N  N  V  E  A  O  L  N  H
N  L  U  B  O  P  E  V  M  N  O  N
B  L  L  L  E  L  X  R  E  C  W  E
R  I  J  O  T  G  L  T  R  N  S  E
T  W  P  B  D  O  G  L  L  E  T  D
C  L  Q  P  D  Z  R  A  T  G  T  E
E  M  M  R  K  E  V  E  R  Y  K  D
```

# PeTeR MARSHALL

"LOOK TO THE LORD AND ASK
FOR HIS STRENGTH."
1 CHRONICLES 16:11

Peter **Marshall** was born in **Scotland.** He **immigrated** to the **United States** as a young man. Peter didn't have much **money,** but he did have a God-sized **dream.** Peter went to **college** and became a **preacher.** After World War II, **Peter** was asked to be the **chaplain** (pastor) for the United States **Senate.** Peter left where he was for the place **God wanted** him to be. What keeps you from doing what you should? What keeps you from **running** in God's **race?**

| X | H | L | G | C | R | M | M | L | Z | I | S |
|---|---|---|---|---|---|---|---|---|---|---|---|
| M | D | L | M | O | N | E | Y | K | M | E | D |
| M | C | A | K | F | R | R | R | M | T | E | R |
| N | O | H | M | T | C | E | I | A | T | B | U |
| I | L | S | Y | Z | M | G | T | N | C | D | N |
| A | L | R | L | P | R | S | A | E | N | E | N |
| L | E | A | C | A | D | W | D | A | P | B | I |
| P | G | M | T | E | D | Y | L | R | F | J | N |
| A | E | E | T | O | K | T | Y | N | E | Q | G |
| H | D | I | G | W | O | K | C | T | M | A | V |
| C | N | M | H | C | S | E | N | A | T | E | M |
| U | R | G | S | R | E | H | C | A | E | R | P |

# BART MILLARD

## GOD IN HIS HOLY HOUSE IS A FATHER TO THOSE WHO HAVE NO FATHER.

PSALM 68:5

Bart **Millard** wanted his **father** to **love** and **encourage** him. That didn't describe Bart's dad. Bart played **football** to **please** his dad. While playing in **high school**, Bart broke both of his ankles. God had **something new** for Bart to do—*sing*. **Bart** didn't think he could **sing**. He needed to **forgive** his dad. Bart was forgiven by God. He **wrote songs** that pointed **hurting** people back to the **God** who has always been Father of the Year.

```
E  N  B  L  M  L  G  R  D  M  W  W
Y  N  X  P  N  O  P  B  R  L  R  E
F  G  C  L  D  L  L  R  A  N  O  N
O  K  F  O  E  W  E  B  L  R  T  G
O  Y  H  A  U  H  W  R  L  R  E  N
T  M  S  U  T  R  T  F  I  K  S  I
B  E  D  A  R  B  A  R  M  K  O  H
A  Y  F  G  D  T  W  G  A  M  N  T
L  Z  N  J  J  T  I  H  E  B  G  E
L  I  F  F  Q  Z  R  N  Q  C  S  M
S  L  O  O  H  C  S  H  G  I  H  O
L  O  V  E  F  O  R  G  I  V  E  S
```

# ROBERT MOFFAT

## DO NOT GIVE UP WHEN TROUBLE COMES.
### ROMANS 12:12

Robert **Moffat** was a **missionary** in southern **Africa**. He looked at the **skies** beyond his **village** and wondered about the **people** he couldn't see. They **needed** to <u>know Jesus</u>. Robert always thought there just wasn't enough **time** to reach all the people he knew lived there. **Robert** dedicated his life to **reaching** people in Africa for Jesus. He **inspired** his son-in-law, David **Livingstone**, to discover the people beyond his African village. Robert never **forgot** them.

| | | | | | | | | | | | |
|---|---|---|---|---|---|---|---|---|---|---|---|
| L | E | S | V | T | E | F | O | R | G | O | T |
| B | N | U | I | A | H | M | L | K | M | R | Y |
| I | O | S | L | F | X | K | I | P | Z | R | V |
| N | T | E | L | F | C | S | E | T | A | M | T |
| S | S | J | A | O | N | O | K | N | R | R | J |
| P | G | W | G | M | P | L | O | I | E | B | C |
| I | N | O | E | L | V | I | R | B | E | B | M |
| R | I | N | E | C | S | Z | O | K | T | S | R |
| E | V | K | T | S | K | R | M | R | K | C | R |
| D | I | R | I | L | A | F | R | I | C | A | F |
| K | L | M | L | R | E | A | C | H | I | N | G |
| D | E | D | E | E | N | M | R | R | H | N | T |

# COREY MONTGOMERY

**A MAN CANNOT PLEASE GOD
UNLESS HE HAS FAITH.**
HEBREWS 11:6

The doctor told Corey **Montgomery** he had **sickle cell anemia**. Corey didn't know what that was, but he learned that many **African Americans** get the disease. He was African American. Bad news. **Corey** was assigned a school **science** project. He chose sickle cell anemia as his topic. He learned that being **tired** was normal. So was **pain**. More bad news. Corey learned that there was a possible **cure** using a **bone marrow** transplant. He **trusted** that **God loved him** more than he hated the **disease**.

| | | | | | | | | | | | |
|---|---|---|---|---|---|---|---|---|---|---|---|
| B | B | O | N | E | M | A | R | R | O | W | L |
| G | Z | H | B | D | A | M | H | F | Y | L | N |
| O | Y | D | J | A | I | F | F | J | E | R | I |
| D | R | E | M | M | J | S | R | C | Q | M | A |
| L | E | T | G | E | C | N | E | I | C | S | P |
| O | M | S | D | R | D | L | F | A | C | X | K |
| V | O | U | M | I | K | E | J | T | S | A | L |
| E | G | R | X | C | K | K | R | C | L | E | N |
| D | T | T | I | A | H | L | O | I | R | T | V |
| H | N | S | M | N | F | R | X | U | T | T | N |
| I | O | B | F | S | E | T | C | L | F | W | N |
| M | M | J | G | Y | N | A | N | E | M | I | A |

# D. L. MOODY

## WE LOVE HIM BECAUSE HE LOVED US FIRST.
### 1 JOHN 4:19

D. L. **Moody** wasn't a great **student**. When he wanted to become a **member** of the **church**, he had to wait a year. He **sold shoes**. He couldn't find another job. He felt **worthless**. Even after he came to **know Jesus**, D. L. struggled. He wanted to be **useful** to God, but he made some **bad choices**. He even had trouble **reading**. But Moody became a great **preacher**. God's love **changed** a shoe **salesman** into someone that **influenced** millions.

| S | M | S | E | C | I | O | H | C | D | A | B |
|---|---|---|---|---|---|---|---|---|---|---|---|
| G | A | G | M | E | M | B | E | R | E | M | H |
| L | Q | L | H | Q | V | L | E | H | C | G | T |
| L | U | X | E | P | L | H | K | W | N | N | S |
| C | M | F | C | S | C | N | O | Y | E | I | O |
| L | H | R | E | A | M | R | N | D | U | D | L |
| T | T | U | E | S | T | A | U | O | L | A | D |
| Q | T | R | R | H | U | T | N | O | F | E | S |
| N | P | H | L | C | S | M | W | M | N | R | H |
| V | N | E | T | X | H | G | J | T | I | C | O |
| C | S | N | Z | C | H | A | N | G | E | D | E |
| S | S | U | S | E | J | W | O | N | K | K | S |

# MORDECAI

READ THE STORY OF MORDECAI
IN YOUR BIBLE. YOU'LL FIND IT
IN THE BOOK OF ESTHER.

**Mordecai** was a **cousin** to **Queen** Esther. He was a **hero** but was often **overlooked.** When **Esther** needed **advice,** she went to Mordecai. When someone was trying to hurt the **king,** Mordecai found out and kept the king **safe.** When a **bad law** threatened his people, Mordecai helped Esther **understand** what she needed to do. Mordecai was a **humble man** who cared about his **people** and **served God.**

```
M O K E L P O E P J N T
T V Q U E E N M T I N W
P E E C I V D A S D A Y
N R T D H M F U T L N P
A L J O Q E O Q D Y E I
M O N G G C R A T S R A
E O E D G N B O T F G C
L K F E N M I H J D B E
B E A V R W E K C J M D
M D S R M R L T F P N R
U N D E R S T A N D H O
H D Y S V Z R R G Y B M
```

# SAMUEL MORRIS

[JESUS SAID,] "I AM WITH YOU ALWAYS,
EVEN TO THE END OF THE WORLD."
MATTHEW 28:20

**Kaboo** was a young **Liberian** prince who was taken **prisoner** by a nearby **tribe**. He was **beaten** nearly every day. Kaboo was fourteen when he **escaped**. He worked at a **coffee** plantation, where he learned about **Jesus**. This **prince** changed his name to **Samuel Morris**. He **worked** on a **ship** to come to **America**. The very first night in America, Samuel shared what he knew about Jesus, and twenty people became **Christians**. God used Samuel to share **His love**.

| | | | | | | | | | | | |
|---|---|---|---|---|---|---|---|---|---|---|---|
| X | Y | J | S | H | I | P | D | V | O | S | S |
| P | R | I | S | O | N | E | R | V | O | N | A |
| E | E | W | K | R | K | R | N | B | B | A | M |
| V | C | R | H | R | L | A | F | E | A | I | U |
| O | N | A | O | M | I | N | E | A | K | T | E |
| L | I | W | M | R | T | S | N | T | V | S | L |
| S | R | S | E | E | C | R | T | E | K | I | M |
| I | P | B | U | A | R | M | I | N | G | R | O |
| H | I | H | P | S | W | I | R | B | R | H | R |
| L | B | E | D | Z | E | N | C | J | E | C | R |
| B | D | M | F | W | L | J | M | A | Z | N | I |
| R | M | E | E | F | F | O | C | R | T | C | S |

# MOSES

## READ THE STORY OF MOSES IN YOUR BIBLE. YOU'LL FIND IT IN THE BOOK OF EXODUS.

**Moses** was the **adopted grandson** of **Pharaoh**. Moses was supposed to live in the **palace** for the rest of his life. This was *not* God's **plan**. Then? For **forty years**, Moses lived in the **wilderness** caring for **sheep**. One day God asked Moses to leave the sheep behind and go **back to Egypt**. God wanted His people to **leave** Egypt. He had a new **home** for them. Moses **obeyed** and watched **God save** His people.

| | | | | | | | | | | | |
|---|---|---|---|---|---|---|---|---|---|---|---|
| T | H | O | M | E | P | B | H | N | N | W | P |
| P | K | W | N | L | P | P | N | S | L | I | A |
| Y | R | N | A | C | W | F | B | E | M | L | L |
| G | R | N | J | Y | M | G | M | S | G | D | A |
| E | P | G | R | A | N | D | S | O | N | E | C |
| O | R | H | D | C | E | P | D | M | D | R | E |
| T | B | Q | A | V | H | S | E | E | H | N | W |
| K | R | E | A | R | A | D | T | E | L | E | K |
| C | K | E | Y | V | A | P | P | H | H | S | W |
| A | L | Z | E | E | O | O | K | C | D | S | L |
| B | B | M | J | D | D | T | H | H | Q | X | K |
| W | S | R | A | E | Y | Y | T | R | O | F | H |

# GEORGE MÜLLER

## YOU HAVE MADE A WAY FOR ME WHEN I NEEDED HELP.
### PSALM 4:1

**George** Müller started several **orphanages** in **London.** Children who stayed with George always had **meals,** a **place** to stay, and a **godly example.** The closer George got to God, the less interested he was in **asking help** from anyone else. God brought George **food, milk,** and **money** for his orphanages when it was **needed most.** George lived every day **knowing** that if something could be done, it would be done because God **took care** of it. He always **handles** things better than we can.

| R | K | E | L | P | M | A | X | E | R | Q | W |
| X | L | G | M | L | S | N | V | D | S | D | Z |
| T | I | N | M | A | E | D | T | E | O | C | R |
| O | M | I | L | C | L | L | G | R | O | W |
| O | L | W | M | E | D | A | H | R | G | J | F |
| K | V | O | K | E | N | K | T | O | D | N | M |
| C | X | N | T | A | A | Z | D | E | Y | C | Y |
| A | C | K | H | N | H | L | T | G | R | E | F |
| R | C | P | Z | M | Y | V | S | R | N | Z | H |
| E | R | L | O | N | D | O | N | O | G | F | J |
| O | N | E | E | D | E | D | M | O | S | T | Q |
| P | P | L | E | H | G | N | I | K | S | A | M |

# WATCHMAN Nee

## I LIVE BY PUTTING MY TRUST IN THE SON OF GOD.
### GALATIANS 2:20

**Watchman** Nee's grandfather was a **preacher**. Watchman **Nee** didn't want to follow his grandfather. **Following** Jesus wasn't on his to-do list. Watchman Nee went to a school where students **learned** about **Jesus**. But because he was **lazy** and often **slept late**, he was **dismissed** and sent home. God gave him a **second chance**. Watchman Nee became a **talented** writer, helped people share **stories** of God's **love**, and **helped** young people know Jesus. This young man got a second chance, and he took it.

```
X  H  E  L  P  E  D  W  R  S  P  E
L  Y  Z  A  L  Q  G  E  L  N  L  C
E  X  Q  R  L  K  H  E  D  A  S  N
A  N  F  V  L  C  P  E  W  M  E  A
R  M  M  O  A  T  S  T  N  H  I  H
N  N  C  E  L  S  W  J  H  C  R  C
E  N  R  A  I  L  E  P  P  T  O  D
D  P  T  M  R  S  O  W  Y  A  T  N
R  E  S  Z  U  L  E  W  K  W  S  O
T  I  M  S  R  V  W  V  I  N  B  C
D  R  N  E  E  X  H  L  O  N  R  E
V  D  E  T  N  E  L  A  T  L  G  S
```

# NEHEMIAH

## READ THE STORY OF NEHEMIAH IN YOUR BIBLE. YOU'LL FIND IT IN THE BOOK OF NEHEMIAH.

Nehemiah's job was making sure that what the king **drank** wasn't **poisoned**. He kept the king **safe**. One day **Nehemiah** heard that the **walls of Jerusalem** had been <u>**torn down**</u>. The people weren't **protected**. No one was even trying to **rebuild**. No one had enough **money** to do this <u>**big job**</u>. Nehemiah wanted to help. He <u>**prayed to God**</u>, asking that the **king** might help rebuild the walls. The king did help. He even **paid** for it. Nehemiah **worshipped** God.

```
P  B  O  J  G  I  B  R  R  X  L  D
R  S  A  F  E  B  D  T  J  Q  E  D
O  T  K  G  D  R  L  E  T  N  E  B
T  Y  T  M  L  D  R  W  O  P  H  L
E  E  W  M  N  U  L  S  P  K  D  K
C  N  A  L  S  E  I  I  B  V  G  N
T  O  L  A  C  O  H  Q  U  N  N  A
E  M  L  X  P  S  T  E  I  B  H  R
D  E  S  N  R  L  Y  K  M  V  E  D
M  N  W  O  D  N  R  O  T  I  K  R
V  H  W  G  T  T  P  A  I  D  A  B
D  O  G  O  T  D  E  Y  A  R  P  H
```

# JOHN NEWTON

**TRUST IN CHRIST JESUS. . . .LET HIM LEAD YOU IN EVERY STEP.**
COLOSSIANS 2:6

John **Newton** was a **preacher** and **hymn writer.** His life was filled with **sad events** and **bad choices**. John's mom died. He tried **running away** but was caught. Things weren't going well for **John**. He worked on a ship that brought **slaves** from **Africa**. A **storm** near Ireland almost **sunk** the ship. Something needed to **change**. *He called out to God for help.* John read the **Bible**, grew in his **faith**, and then wrote the hymn "**Amazing Grace**."

```
L  S  S  U  N  K  F  K  M  M  G  B
P  R  A  W  S  A  X  R  N  R  J  A
R  A  K  D  I  E  O  X  E  V  K  D
H  C  C  T  E  T  V  H  L  J  B  C
N  I  H  H  S  V  C  A  O  P  I  H
O  R  X  F  A  A  E  H  L  D  B  O
T  F  N  Y  E  N  N  N  B  S  L  I
W  A  T  R  X  G  R  T  V  E  C
E  L  P  R  M  R  R  E  G  S  Y  E
N  H  Y  M  N  W  R  I  T  E  R  S
E  C  A  R  G  G  N  I  Z  A  M  A
F  Y  A  W  A  G  N  I  N  N  U  R
```

# NOAH

READ THIS STORY OF NOAH IN YOUR BIBLE.
YOU'LL FIND IT IN GENESIS 6:8–22.

Many **years** passed since <u>**God said**</u> there would be a **worldwide** flood. Most people didn't do what God asked, but Noah and his family **obeyed** and were **promised safety** on God's <u>**big boat**</u>. Noah kept **building** the boat. Noah's sons helped, but no one else thought it was a <u>**good idea**</u>—except God. When the **rain** began to **fall**, Noah remembered that all God's promises were **true**. He knew God's **plans** were **amazing**. He could **trust** God to **protect** him. God would protect Noah's family.

```
T  P  F  A  L  L  S  C  L  N  N  B
M  L  Q  C  N  A  T  T  W  N  P  K
R  A  M  G  F  N  C  R  K  K  R  K
Q  N  K  E  N  E  N  F  U  T  O  A
S  S  T  O  T  I  D  K  N  E  M  A
R  Y  T  O  B  I  D  I  W  A  I  E
A  L  R  S  A  E  A  L  Z  K  S  D
E  P  D  S  U  R  Y  I  I  N  E  I
Y  Y  D  L  H  R  N  E  L  U  D  D
Z  O  D  G  N  G  T  N  D  L  B  O
G  X  W  O  R  L  D  W  I  D  E  O
B  L  T  A  O  B  G  I  B  G  C  G
```

# LUIS PALAU

## TEACH YOUNG MEN TO BE WISE.
### TITUS 2:6

Luis **Palau** was born in **Argentina**. He'd read God's Word and wanted to **serve** Him. Luis **dreamed big**. He came to **America** to attend a Christian **college**. Then God brought **Billy Graham** into Luis's life. **Luis** worked with Billy for many years. At the right time, Billy offered to help Luis start his own **ministry**. The big dream was coming **true**. It has been said that Luis has shared **Jesus** with twenty-five **million** people in **dozens** of countries. This seems to be just what Luis was **born to do**.

| Y | S | E | R | V | E | M | J | E | L | B | V |
|---|---|---|---|---|---|---|---|---|---|---|---|
| R | D | S | K | B | Z | V | U | G | F | O | L |
| T | L | R | I | H | M | R | A | T | N | R | A |
| S | M | A | E | U | T | N | L | R | O | N | R |
| I | R | M | F | A | L | K | A | B | I | T | C |
| N | V | E | D | H | M | N | P | T | L | O | R |
| I | T | R | T | O | F | E | N | Y | L | D | T |
| M | K | I | Y | K | Z | E | D | L | I | O | C |
| R | Y | C | W | X | G | E | E | B | M | Q | J |
| K | N | A | N | R | K | G | N | Y | I | T | R |
| M | M | W | A | J | E | S | U | S | Z | G | P |
| T | M | A | H | A | R | G | Y | L | L | I | B |

# JOHN PATON

## "LET YOUR LIGHT SHINE IN FRONT OF MEN."
### MATTHEW 5:16

John **Paton** was a **missionary** to the New Hebrides **Islands**. The people he met were **mean**. Those who **prayed** for John wondered if he would get **hurt**. People in the **New Hebrides** learned to **love Jesus**. Before John became a missionary, he left his **family**. His **father**, James, worked in a **factory**. His dad stopped **three times** a day to pray for his family. John had good **memories** of his father's **love**. It helped him know how to be a good father to his own **children**.

```
H  S  E  D  I  R  B  E  H  W  E  N
T  K  M  G  V  R  X  K  B  L  L  Y
M  T  N  E  T  F  A  C  T  O  R  Y
S  Z  H  N  A  L  N  R  V  A  T  Z
R  U  H  R  C  N  E  E  N  C  M  P
Y  L  S  F  E  H  M  O  P  H  E  R
L  N  Q  E  T  E  I  D  H  I  M  A
I  O  B  A  J  S  T  U  W  L  O  Y
M  T  F  R  S  E  R  I  R  D  R  E
A  A  V  I  X  T  V  N  M  R  I  D
F  P  M  N  P  K  H  O  W  E  E  Q
I  S  L  A  N  D  S  K  L  N  S  V
```

# PAUL

## READ THE STORY OF PAUL IN YOUR BIBLE. YOU'LL FIND IT IN THE BOOK OF ACTS.

**Paul** was a **bully**. He also **wrote** more than a **dozen books** in the **Bible**. How did that happen? After **Jesus** rose from the dead and went back to **heaven**, those who followed Him started **churches**. Many people became **Christians**. Paul **picked on** Christians. Then something happened. Jesus **appeared** to Paul and asked him why he was trying to **hurt Him**. The bully, Paul, knew it was Jesus—and that he had been very **wrong** about Christians. Meeting Jesus **changes** things.

| D | O | Z | E | N | B | O | O | K | S | L | S |
|---|---|---|---|---|---|---|---|---|---|---|---|
| H | P | S | G | L | K | C | H | B | M | F | N |
| U | T | E | J | U | B | L | D | V | M | A | A |
| R | T | G | E | A | F | I | P | N | H | P | I |
| T | R | N | S | P | G | I | B | E | R | P | T |
| H | R | A | U | L | C | Z | A | L | X | E | S |
| I | N | H | S | K | F | V | H | G | E | A | I |
| M | H | C | E | Q | E | Y | V | G | N | R | R |
| N | K | D | T | N | L | H | N | N | L | E | H |
| L | O | W | M | L | B | L | L | O | X | D | C |
| N | X | Z | U | S | E | H | C | R | U | H | C |
| Q | K | B | W | R | O | T | E | W | H | M | F |

# ALBIE PEARSON

## DO NOT LET YOURSELVES GET TIRED OF DOING GOOD.
### GALATIANS 6:9

Albie **Pearson** was a **baseball** player. He retired more than fifty years ago. Very few people thought he could help their **team win**. He was offered a pair of **cleats**, a **suitcase**, and $225 a month if he played well enough to **stay** on the **team**. Not long after being named **Rookie** of the Year, **Albie** hung up his cleats, packed his suitcase, and cashed his last **check**. He became a **pastor** who built **orphanages**. He **helped** when people needed help. Albie follows a **good God**.

```
X  D  K  M  A  E  T  P  L  T  N  L
R  O  K  K  T  E  A  M  W  I  N  J
O  G  C  V  W  C  R  H  T  M  B  S
R  D  E  P  N  O  L  F  N  R  Y  U
P  O  H  R  O  B  L  E  L  X  C  I
H  O  C  K  S  K  S  L  A  R  C  T
A  G  I  X  R  T  A  R  O  T  W  C
N  E  T  Q  A  B  E  T  T  L  S  A
A  N  L  Y  E  P  S  I  V  K  V  S
G  X  Z  S  P  A  F  G  B  N  V  E
E  X  A  T  P  K  C  B  M  L  J  Q
S  B  M  H  E  L  P  E  D  L  A  X
```

# JAMES W. C. PENNINGTON

## DO WHAT IS FAIR. . .LOVE KINDNESS. . . WALK WITHOUT PRIDE WITH YOUR GOD.
### MICAH 6:8

James **Pennington** was born a **slave** and given as a **gift** to a slaveholder. That doesn't seem **fair**, but it was the way things were done in the early 1800s. James eventually **escaped**. He was given the **opportunity** to attend **Yale** University after being **taught** to **read** and **write**. He became a **preacher**. People liked to hear him speak. James **believed** slavery was **wrong**. He helped **raise money** to send some slaves back to **Africa** because they wanted to go **home**.

```
E  G  M  Y  Y  Z  B  D  R  V  W  N
T  D  Y  A  Z  A  P  E  V  E  R  O
I  N  L  B  F  E  H  T  J  S  O  T
R  E  K  R  E  C  M  E  R  C  N  G
W  F  I  K  A  L  V  O  Y  A  G  N
N  C  A  E  D  A  I  G  H  P  Q  I
A  Y  R  I  L  A  G  E  N  E  R  N
L  P  H  S  R  L  E  D  V  D  Y  N
T  H  G  U  A  T  G  R  K  E  L  E
Y  E  N  O  M  E  S  I  A  R  D  P
O  P  P  O  R  T  U  N  I  T  Y  H
H  N  V  G  I  F  T  P  Y  N  K  C
```

# PETER

READ THE STORY OF PETER IN YOUR BIBLE. YOU'LL FIND IT IN THE BOOKS OF MATTHEW, MARK, LUKE, JOHN, AND ACTS.

**Peter** loved following **Jesus**, but he was a promise **breaker**. There was a **reason** Jesus was called "**Master**" and Peter a "**disciple**." Peter had much to **learn**. He wanted to **trust** Jesus, but he kept repeating old **habits**. He spoke his mind and **regretted** it. He kept making **promises** he couldn't keep. But Peter was used to **establish** the **church** God had in mind for **His family**. Jesus kept His promises. He was **helpful** to Peter in keeping his too.

| | | | | | | | | | | | |
|---|---|---|---|---|---|---|---|---|---|---|---|
| R | H | C | R | U | H | C | V | L | Q | Y | K |
| E | B | R | E | A | K | E | R | Y | S | L | M |
| G | N | R | A | E | L | Z | S | R | T | I | A |
| R | F | R | M | J | M | U | D | E | I | M | S |
| E | N | P | H | T | S | I | C | T | B | A | T |
| T | V | M | R | E | S | R | K | E | A | F | E |
| T | L | L | J | C | L | U | E | P | H | S | R |
| E | Y | K | I | T | C | P | R | A | L | I | N |
| D | Y | P | J | N | V | G | F | T | S | H | N |
| L | L | R | M | T | M | B | H | U | X | O | H |
| E | S | T | A | B | L | I | S | H | L | X | N |
| J | C | C | T | S | E | S | I | M | O | R | P |

# ALBERT PUJOLS

"THE PERSON WHO IS NOT TRYING TO HONOR HIMSELF WILL BE MADE IMPORTANT."

MATTHEW 23:12

**Albert** Pujols's family left their home in the **Dominican** Republic and moved to the **United States** when he was sixteen. Five years later, Albert was the **National League Rookie** of the Year. He has been part of **teams** that have won the **World Series**. But there's something more **important** to Albert than **baseball**: *Jesus.* Albert learned that baseball wasn't the real **dream**. Baseball was something Albert could do, but being a **child of God** was so much **better.**

| M | L | Y | B | T | B | Z | R | N | Z | T | R |
|---|---|---|---|---|---|---|---|---|---|---|---|
| N | E | V | C | R | W | O | A | B | B | T | C |
| L | A | B | V | P | O | C | T | E | A | N | H |
| R | G | T | M | K | I | C | H | T | S | A | I |
| C | U | R | I | N | R | M | T | T | E | T | L |
| S | E | E | I | O | A | B | R | E | B | R | D |
| B | U | M | R | E | N | H | E | R | A | O | O |
| M | O | S | R | G | D | A | B | L | L | P | F |
| D | R | D | E | G | F | X | L | T | L | M | G |
| N | Q | N | B | J | S | M | A | E | T | I | O |
| W | O | R | L | D | S | E | R | I | E | S | D |
| U | N | I | T | E | D | S | T | A | T | E | S |

# NABEEL QURESHI

**"YOU WILL KNOW THE TRUTH AND THE TRUTH WILL MAKE YOU FREE."**

JOHN 8:32

Nabeel **Qureshi** wanted to show the world that God wasn't **real**. He spoke in **colleges**, trying to get people to **believe** what he believed, *but it wasn't **truth***. Then **Nabeel** met David Wood. **David** could answer the **questions** Nabeel asked. David asked Nabeel questions he couldn't **answer**. The two men became **friends**. Then Nabeel became a **Christian**. Nabeel was **introduced** to real truth, and he spent the rest of his **life** introducing **Jesus** to people who thought He wasn't real.

| | | | | | | | | | | | |
|---|---|---|---|---|---|---|---|---|---|---|---|
| D | C | O | L | L | E | G | E | S | E | P | L |
| B | D | R | W | F | J | Z | L | F | L | T | M |
| X | E | M | E | H | X | A | I | N | C | Z | S |
| Q | C | L | Y | W | E | L | A | N | R | T | D |
| U | U | Y | I | R | S | B | Y | T | I | H | N |
| E | D | K | J | E | E | N | H | Q | H | H | E |
| S | O | G | H | E | V | H | A | K | S | N | I |
| T | R | B | L | D | M | E | D | Q | E | T | R |
| I | T | Z | J | E | S | U | S | H | R | R | F |
| O | N | L | D | I | V | A | D | R | U | U | X |
| N | I | K | K | W | F | N | W | K | Q | T | T |
| S | D | T | N | A | I | T | S | I | R | H | C |

# NATE SAINT

## ALWAYS DO YOUR WORK WELL FOR THE LORD.

1 CORINTHIANS 15:58

**God can use** *anyone* because **He has jobs** for *everyone*. Nate **Saint** knew how to fix **airplanes.** He wasn't a typical **missionary.** Some people he worked with were translating **Bibles** into the **languages** of the people they worked with. Some **shared Jesus** from village to **village.** Nate made sure missionaries could get there in a **reliable** plane. Nate felt there was no better place for him than the mission **field.** God has a job for you. Do it **willingly.** Do it carefully. Do it **faithfully.**

```
T  Y  R  A  N  O  I  S  S  I  M  W
S  S  A  I  N  T  F  B  M  G  K  I
H  U  M  K  X  Y  O  E  S  X  Y  L
G  R  S  K  Z  J  Y  S  E  A  L  L
L  X  R  E  S  P  S  U  G  I  L  I
B  K  M  A  J  H  E  N  A  R  U  N
J  I  H  K  A  G  F  A  U  P  F  G
K  E  B  R  A  I  R  C  G  L  H  L
H  Z  E  L  E  D  T  D  N  A  T  Y
R  D  L  L  E  R  V  O  A  N  I  N
L  I  D  M  C  S  R  G  L  E  A  F
V  R  E  L  I  A  B  L  E  S  F  Z
```

# STEVE SAINT

## IF A MAN BELONGS TO CHRIST, HE IS A NEW PERSON.
### 2 CORINTHIANS 5:17

**Steve** Saint's father, **Nate**, was **killed** by Auca Indians in **Ecuador**. Steve could have been **angry**. He could have **dreamed** of <u>getting even</u> with the people who killed his dad. He could have decided that God couldn't be **trusted**. Steve made a **better choice**. He saw the **families** of the men who were killed return to the Auca **Indians** and share God's **Good News**. These families made the hard choice to **forgive** the **Aucas** because the people needed **Jesus**.

```
N  E  V  E  G  N  I  T  T  E  G  S
F  V  D  R  J  M  T  H  R  D  V  W
L  E  E  E  V  E  E  F  R  R  V  E
D  T  T  Z  C  V  S  E  Z  E  A  N
K  S  S  S  I  U  A  U  T  C  U  D
G  L  U  G  N  M  A  A  S  A  C  O
T  J  R  J  E  A  N  D  W  N  A  O
J  O  T  D  F  K  I  J  O  G  S  G
F  N  Q  T  W  T  H  D  T  R  F  K
K  I  L  L  E  D  K  T  N  Y  L  R
B  E  T  T  E  R  C  H  O  I  C  E
S  E  I  L  I  M  A  F  K  X  Q  R
```

# SAMSON

## READ THE STORY OF SAMSON IN YOUR BIBLE. YOU'LL FIND IT IN JUDGES 13–16.

**Samson** was the world's **strongest man**. He could **lift**, **carry**, and **pull** more than anyone. Samson was strong because God made him strong. He was called a **judge**, someone who would **rescue** the people. In his own life, Samson often made very **bad choices**. One day a pretty girl named **Delilah** was hired by Samson's **enemies** to learn how to make Samson **weak**. Delilah helped make Samson a **slave**. His enemies **blinded** him. They would never set him free. But God **remembered** Samson.

```
S  R  E  M  E  M  B  E  R  E  D  N
H  T  K  W  E  A  K  P  N  B  R  K
S  A  R  J  R  Q  L  T  O  L  M  D
E  R  L  O  M  R  F  F  S  I  N  K
C  B  P  I  N  I  T  V  M  N  G  M
I  N  U  M  L  G  K  W  A  D  S  N
O  L  L  B  S  E  E  D  S  E  F  J
H  T  L  R  Y  L  D  S  I  D  U  T
C  H  T  F  L  T  A  M  T  D  K  D
D  C  A  R  R  Y  E  V  G  M  Y  B
A  P  H  L  V  N  L  E  E  B  A  M
B  M  Z  B  E  E  U  C  S  E  R  N
```

# SAMUEL

**READ THE STORY OF SAMUEL IN YOUR BIBLE. YOU'LL FIND IT IN THE BOOKS OF 1 AND 2 SAMUEL.**

**Samuel** was an **answer** to **prayer.** His mom, **Hannah,** prayed for a son. <u>**God gave**</u> her Samuel. One day she took Samuel to the **temple** because she wanted to give her son back to God. She wanted this **gift** of a **child** to be used by God. And God did use Samuel. God **talked** to Samuel. He **listened** and told others about what God had said. God **chose** Samuel to **carry** His **messages,** and Samuel was quick to **deliver** them.

| T | M | E | S | S | A | G | E | S | V | X | H |
|---|---|---|---|---|---|---|---|---|---|---|---|
| N | D | E | N | E | T | S | I | L | G | W | Y |
| G | C | H | M | P | R | A | Y | E | R | G | T |
| O | T | C | A | R | R | Y | D | E | F | E | L |
| D | Q | F | L | N | H | C | V | R | M | N | R |
| G | L | T | T | H | N | I | J | P | R | G | R |
| A | T | I | L | H | L | A | L | T | W | E | D |
| V | G | K | H | E | E | E | H | B | W | N | E |
| E | G | T | D | C | U | H | X | S | K | S | K |
| P | B | D | D | X | M | N | N | N | O | K | L |
| C | R | C | M | L | A | A | Q | H | L | B | A |
| T | F | I | G | W | S | J | C | M | Q | C | T |

# FRANCIS SCHAEFFER

## LET THE HEAVENS BE GLAD, AND LET THE EARTH BE FULL OF JOY.
### PSALM 96:11

Francis **Schaeffer** learned about God in a way he never **expected**. He started **reading** the **Bible** and just kept reading. This young man **discovered** that <u>**God created**</u> every beautiful thing on earth. God was an **artist** in **Genesis** and a **poet** in the **Psalms.** Francis was so smart that others noticed what he said. **Preachers** followed his example, making sure they read God's Word **carefully** before they said what God thought on all kinds of **issues**. Francis knew that smart people could **believe** in God.

```
F  K  R  E  A  D  I  N  G  X  P  H
R  G  E  N  E  S  I  S  T  N  A  D
S  J  L  G  N  R  D  R  V  D  R  E
X  R  R  M  P  E  I  X  E  Y  T  T
B  B  E  O  J  F  S  T  I  L  I  A
E  I  E  H  D  F  C  L  S  L  S  E
L  T  B  F  C  E  O  G  S  U  T  R
I  R  K  L  P  A  V  X  U  F  P  C
E  D  K  X  E  H  E  Q  E  E  K  D
V  Z  E  J  W  C  R  R  S  R  F  O
E  H  K  L  Y  S  E  T  P  A  H  G
S  M  L  A  S  P  D  H  D  C  N  B
```

# SHADRACH, MESHACH, AND ABEDNEGO

READ THE STORY OF SHADRACH, MESHACH, AND ABEDNEGO IN YOUR BIBLE. YOU'LL FIND IT IN DANIEL 3.

**Shadrach**, **Meshach**, and **Abednego** were born in **Israel**. They were **captured** and brought to **Babylon**, where people didn't <u>**follow God**</u>. The **king** had a large **idol** made. He said the people would need to <u>**bow down**</u> whenever they heard **music**. Shadrach, Meshach, and Abednego wouldn't bow. The king gave them a <u>**second chance**</u>, but the three men still **refused**. Soldiers threw the men into the **fire**. But they didn't die, burn, or cry. God **saved** them.

```
R  X  A  B  E  D  N  E  G  O  J  S
E  C  L  M  H  S  L  V  N  Q  H  E
F  A  I  D  G  K  A  W  G  C  H  C
U  P  L  S  Z  N  O  V  A  L  C  O
S  T  F  T  R  D  I  H  E  O  A  N
E  U  K  I  W  A  S  K  B  D  R  D
D  R  Y  O  R  E  E  A  P  I  D  C
X  E  B  M  M  E  B  L  K  M  A  H
W  D  Z  C  Z  Y  G  M  R  Q  H  A
N  N  F  R  L  L  X  R  P  J  S  N
N  T  D  O  G  W  O  L  L  O  F  C
N  Q  N  M  U  S  I  C  J  T  L  E
```

# KYLE SNYDER

**LET THE PEACE OF CHRIST HAVE POWER OVER YOUR HEARTS. YOU WERE CHOSEN AS A PART OF HIS BODY.**

COLOSSIANS 3:15

Kyle **Snyder** is an **amazing wrestler**. But something sets Kyle **apart** from other wrestlers. Once when **Kyle** participated in a wrestling **match**, a school worker made sure each wrestler had enough **water** to drink. Kyle was the **only one** who **thanked** the man for his thoughtfulness. Kyle became a **Christian** in **high school**, and he **allowed God** to redirect his **choices**. He **worked hard** *and* showed thankfulness.

```
B  W  R  E  S  T  L  E  R  T  G  F
W  O  R  K  E  D  H  A  R  D  D  R
S  R  E  T  A  W  F  R  F  N  E  D
E  Q  D  Z  L  R  Y  D  A  D  K  O
C  X  Y  N  H  M  F  I  J  G  N  G
I  K  N  E  A  A  T  N  N  K  A  D
O  K  S  T  N  S  P  I  T  Y  H  E
H  K  C  D  I  O  Z  A  T  L  T  W
C  H  R  R  M  A  Y  P  R  E  N  O
L  K  H  P  M  Z  D  L  P  T  J  L
N  C  Z  A  M  J  D  M  N  M  Q  L
H  H  I  G  H  S  C  H  O  O  L  A
```

# SOLOMON

READ THIS STORY OF SOLOMON IN YOUR BIBLE. YOU'LL FIND IT IN 1 KINGS 3.

**God** wanted to give King **Solomon** a **gift.** Solomon **chose wisdom.** One day, two **women** came to the <u>**new king**</u>. They both had **babies,** but one of the babies **died.** Each woman said that the **living** baby was her **child.** Solomon suggested **cutting** the baby in two and giving each woman **half.** He knew the <u>**real mom**</u> would want the baby to live. And it was that mom who got the baby! People were **amazed** by the king's wisdom.

```
L  T  K  D  T  H  L  P  W  P  R  K
F  R  D  K  C  R  A  O  W  W  E  X
D  M  E  Y  T  H  M  L  M  I  A  N
O  X  I  N  M  E  O  N  F  S  L  G
G  R  D  P  N  J  C  S  R  D  M  N
D  G  N  I  K  W  E  N  E  O  O  I
F  T  Z  J  V  J  S  G  L  M  M  T
D  E  Z  A  M  A  N  E  O  M  M  T
W  G  I  F  T  I  J  L  I  G  R  U
Q  K  M  N  V  B  O  H  N  B  D  C
K  T  K  I  G  S  W  K  Q  L  A  R
T  T  L  X  C  H  I  L  D  J  T  B
```

# CHARLES SPURGEON

## I AM NOT ASHAMED OF THE GOOD NEWS. IT IS THE POWER OF GOD.

### ROMANS 1:16

Snow had **stopped** Charles **Spurgeon** from **traveling.** He heard a **sermon** during that **snowstorm,** and the sermon **changed** Charles. He started **preaching** his own sermons within a year of beginning his **journey** with **Jesus.** By the age of twenty-two, he was the most **popular** preacher anyone knew. God gave Charles a **great gift.** He could preach, write, and care **deeply** for people. Charles had to **remember** that the **message** he shared was not his but God's.

| | | | | | | | | | | | |
|---|---|---|---|---|---|---|---|---|---|---|---|
| S | L | E | T | C | R | Z | D | X | L | P | T |
| N | Y | G | L | Q | G | Y | E | Q | J | O | F |
| O | E | A | C | D | E | E | P | L | Y | P | I |
| W | N | S | P | B | P | C | P | N | H | U | G |
| S | R | S | G | S | H | M | O | H | Q | L | T |
| T | U | E | U | A | E | E | T | P | F | A | A |
| O | O | M | N | S | G | R | S | Z | R | R | E |
| R | J | G | N | R | E | B | M | E | M | E | R |
| M | E | R | U | R | J | J | B | O | M | Y | G |
| D | C | P | X | Y | T | H | F | N | N | W | C |
| F | S | M | T | R | A | V | E | L | I | N | G |
| G | N | I | H | C | A | E | R | P | N | K | T |

# JOHN STAM

"WHAT DOES A MAN HAVE IF HE GETS ALL
THE WORLD AND LOSES HIS OWN SOUL?"
MATTHEW 16:26

John **Stam** followed **Jesus**—all the way to
**China**. His wife, Betty, was the daughter of
**missionaries**. Together they **shared** God's
**Good News**. They had a daughter named
Helen. Early in December 1934, **John** and **Betty**
looked forward to Helen's first **Christmas**. But
members of the **Red Army** came into their
home and **kidnapped** them. Two days later,
the soldiers **killed** the missionary couple. Betty
had hidden their daughter, **Helen**, and God
kept her **safe.** John and Betty were already
in **heaven.**

| | | | | | | | | | | | |
|---|---|---|---|---|---|---|---|---|---|---|---|
| M | H | Y | M | R | A | D | E | R | R | J | D |
| K | I | Y | T | T | E | B | M | N | N | J | D |
| C | L | S | R | G | X | N | A | P | E | F | T |
| H | D | H | S | N | O | N | T | M | L | Y | H |
| R | S | E | K | I | J | O | S | N | E | M | K |
| I | H | W | L | O | O | E | D | L | H | R | R |
| S | A | M | H | L | F | N | N | L | D | S | |
| T | R | N | B | A | I | X | A | T | E | U | L |
| M | E | Q | S | D | N | K | L | R | S | W | H |
| A | D | Q | C | H | I | N | A | E | I | P | S |
| S | H | E | A | V | E | N | J | B | D | E | Z |
| D | E | P | P | A | N | D | I | K | K | T | S |

**PERFECT LOVE PUTS FEAR
OUT OF OUR HEARTS.**
1 JOHN 4:18

Billy **Sunday** lived in an **orphanage.** That's where he **discovered** that he loved **baseball.** Billy joined the **major leagues.** One day, when he wasn't **playing,** he heard a small band playing a **hymn** he knew when he was young. He moved closer to **listen.** It wasn't long before **Billy** became a **Christian.** Then he became a **preacher.** For years Billy traveled, preaching to all who would listen. It's been said that more than a **million** people came to **know Jesus** because Billy shared God's fearless **love.**

| | | | | | | | | | | |
|---|---|---|---|---|---|---|---|---|---|---|
| M | R | D | I | S | C | O | V | E | R | E | D |
| A | E | Y | B | Y | N | O | I | L | L | I | M |
| J | H | L | Q | A | W | N | O | Y | E | T | P |
| O | C | L | Q | D | S | V | E | G | P | L | F |
| R | A | I | L | N | E | E | A | T | A | T | J |
| L | E | B | R | U | W | N | B | Y | S | Q | N |
| E | R | Q | W | S | A | K | I | A | N | I | K |
| A | P | G | C | H | G | N | J | C | L | Q | L |
| G | L | D | P | M | G | T | W | F | W | L | K |
| U | L | R | N | A | I | T | S | I | R | H | C |
| E | O | T | N | M | Y | H | V | K | J | H | K |
| S | C | K | N | O | W | J | E | S | U | S | M |

# HUDSON TAYLOR

## FAITH IS BEING SURE WE WILL GET WHAT WE HOPE FOR.
### HEBREWS 11:1

More than eight hundred **missionaries** came to **China** because of **Hudson** Taylor's **example**. He spent more than <u>**fifty years**</u> as a missionary in China. Life was hard for Hudson. **George** Müller influenced Hudson to **pray** for God's help before asking anyone else. **Charles** Spurgeon **encouraged** Hudson never to give up. Jim Elliot, **Billy** Graham, and **Luis** Palau were **influenced** by Hudson Taylor. He **trusted** <u>**God**</u> to open doors for **ministry** in China, and eighteen thousand people came to know **Jesus**.

```
M  D  O  G  D  E  T  S  U  R  T  S
W  I  N  F  L  U  E  N  C  E  D  E
S  M  N  L  M  A  C  F  Y  D  D  I
M  E  T  I  N  G  Y  I  Q  F  E  R
E  R  L  I  S  L  G  F  X  J  G  A
L  X  H  R  L  T  C  T  K  E  A  N
T  C  A  I  A  G  R  Y  F  S  R  O
Q  K  B  M  E  H  P  Y  G  U  U  I
N  Y  P  O  P  C  C  E  G  S  O  S
Z  R  R  G  X  L  Y  A  R  P  C  S
M  G  L  U  I  S  E  R  P  F  N  I
E  K  L  N  H  U  D  S  O  N  E  M
```

# ROBERT PRESTON TAYLOR

## WE KNOW THAT TROUBLES HELP US LEARN NOT TO GIVE UP.
### ROMANS 5:3

Robert Preston **Taylor** was a **pastor** for **soldiers** during World War II. He was taken **captive** when **American** forces surrendered to the **Japanese**. He along with more than fifty thousand American soldiers were moved to a **camp** for **prisoners** of war. Many died. The Japanese allowed Robert to **share** God's **love** with soldiers. But Robert would be put in solitary **confinement** for trying to get **food** and **medicine** to soldiers without permission. In 1945, the war was over. God brought **rescue**.

```
N  C  O  N  F  I  N  E  M  E  N  T
M  E  D  I  C  I  N  E  Q  F  P  L
P  X  E  B  S  O  L  D  I  E  R  S
R  Q  V  D  G  C  E  F  G  J  D  A
F  D  O  P  M  A  C  R  Z  R  J  M
W  O  L  R  C  P  X  R  A  A  R  E
F  W  T  O  B  A  O  G  P  H  E  R
D  W  L  L  Z  T  P  A  R  N  S  I
R  X  T  Y  S  N  N  T  N  K  C  C
G  N  R  A  M  E  R  N  I  K  U  A
K  W  P  T  S  Q  Y  C  K  V  E  N
V  S  R  E  N  O  S  I  R  P  E  H
```

# TIM TEBOW

## I CAN DO ALL THINGS BECAUSE CHRIST GIVES ME THE STRENGTH.
### PHILIPPIANS 4:13

Tim **Tebow** was a **fantastic** football **player** in **high school.** He was an amazing **football** player in **college. He proved** he could play football in the **National** Football **League,** but it didn't last. **Baseball** was also one of Tim's favorite **sports,** so he tried that. He hasn't made the major leagues, but he has played on some AA teams. Tim has **followed** Jesus for many years, and he's quick to say that he wants to do what **Jesus** wants him to do **first.**

```
N  S  L  M  J  B  W  V  Y  D  P  D
F  P  A  P  X  L  O  J  T  R  R  E
H  O  N  N  Y  N  B  M  L  C  G  W
I  R  O  N  S  K  E  H  I  T  K  O
G  T  I  T  T  U  T  T  V  K  N  L
H  S  T  P  B  T  S  C  Z  V  J  L
S  C  A  V  S  A  O  E  M  W  Z  O
C  Q  N  R  T  L  L  Z  J  Y  H  F
H  N  I  N  L  Z  P  L  A  Y  E  R
O  F  A  E  U  G  A  E  L  P  Z  N
O  F  G  V  P  N  D  E  V  O  R  P
L  E  B  A  S  E  B  A  L  L  K  B
```

# WILLIAM TYNDALE

## GOD'S WORD GIVES US STRENGTH AND HOPE.
### ROMANS 15:4

William **Tyndale** learned how to **speak** and **read** the original words of the **Bible**. What he read was **different** than things he had heard. He **believed** everyone should know what God actually said. That got **William** into **trouble**. If what William was learning was **important** to God, it should be important to everyone who believed in God. He was told to stop, but William kept **working**. One day William was **captured** and later killed for **translating** the Bible into **English**. But William's work is recognized **today**.

| R | C | A | P | T | U | R | E | D | M | T | G |
|---|---|---|---|---|---|---|---|---|---|---|---|
| E | M | A | I | L | L | I | W | K | X | N | T |
| L | D | T | H | L | R | E | A | D | I | A | R |
| A | I | L | J | M | M | E | Q | K | B | T | A |
| D | F | X | K | W | P | G | R | E | R | R | N |
| N | F | E | K | S | Q | O | L | Z | D | O | S |
| Y | E | T | L | V | W | I | T | M | Y | P | L |
| T | R | B | V | B | E | T | T | V | Z | M | A |
| C | E | R | I | V | U | V | O | L | F | I | T |
| T | N | Y | E | B | B | O | K | D | T | L | I |
| K | T | D | H | L | L | G | R | C | A | V | N |
| H | S | I | L | G | N | E | H | T | F | Y | G |

# CARSON WENTZ

## WORK FOR THE LORD WITH A HEART FULL OF LOVE FOR HIM.
### ROMANS 12:11

Carson **Wentz** was one of the best new NFL **players** in 2016. When you become **famous**, it's hard to have **friends** that aren't just **fans**. **Carson** needed that kind of friend. He found that friend in **Mike Trout**, a Major League **Baseball** player. Both men love the **outdoors**, and they're both **Christians**. The encouragement they **give** each other is **important** to both of them. The two men work several thousand miles from each other, but friendship seems **stronger** than **distance**.

| L | R | F | A | M | O | U | S | Z | R | M | T |
|---|---|---|---|---|---|---|---|---|---|---|---|
| E | C | N | A | T | S | I | D | T | M | H | N |
| T | F | H | R | F | B | T | K | N | M | L | A |
| H | U | B | R | P | R | S | D | E | B | F | T |
| S | N | O | F | I | R | I | S | W | B | A | R |
| B | R | T | R | E | S | T | E | A | Q | N | O |
| M | K | O | Y | T | R | S | N | C | S | P | |
| F | T | A | O | O | E | E | I | A | D | W | M |
| N | L | W | N | D | B | K | R | A | X | S | I |
| P | W | G | T | A | T | S | I | B | N | B | Z |
| K | E | M | L | R | O | U | Q | M | B | S | M |
| R | K | L | D | N | K | L | O | E | V | I | G |

# JOHN WESLEY

## THE SAVING OF THOSE WHO ARE RIGHT WITH GOD IS FROM THE LORD.
### PSALM 37:39

John **Wesley** needed to **change** what he **believed** as God made Him new. John and his friends **studied** God's **Word**. The young men spent at least **three hours** every night **learning** from the **Bible**. They tried to **pray** every hour of the day. They went **without food** twice a week, visited **prisoners**, and helped take care of **sick** people. They weren't enjoying their **friendship** with God. They were **too tired**. John learned that God's **rescue** plan didn't need his help.

```
D  O  O  F  T  U  O  H  T  I  W  W
B  E  L  I  E  V  E  D  M  N  V  O
P  P  T  O  O  T  I  R  E  D  T  R
R  F  I  N  C  K  H  E  H  H  K  D
I  S  M  H  C  R  G  B  R  Y  W  T
S  R  T  I  S  N  E  E  R  A  N  Y
O  T  S  U  A  D  E  S  J  R  D  E
N  W  G  H  D  H  N  L  C  P  G  L
E  R  C  N  O  I  V  E  B  U  N  S
R  G  Z  U  C  K  E  P  I  I  E  E
S  J  R  H  B  N  N  D  Z  R  B  W
T  S  G  N  I  N  R  A  E  L  F  J
```

# GEORGE WHITEFIELD

**IT IS NOT EASY TO BREAK A ROPE MADE OF THREE STRINGS.**

ECCLESIASTES 4:12

George **Whitefield** didn't usually preach in **church buildings**. Most of his **sermons** were given **outside**—usually in a farmer's **field**. George was friends with **Ben Franklin**. They didn't always **agree**, but Ben thought George was **very good** at making sure people understood his **message**. Ben believed George could **preach** to as many as thirty thousand people at one time. Some people thought George was too **harsh**; others said he was more **approachable** the older he got. **Friends** were important to **George**.

```
E  D  B  B  R  E  G  A  S  S  E  M
L  L  N  D  N  F  R  I  E  N  D  S
B  E  I  V  E  E  R  G  A  N  O  T
A  I  L  E  L  T  Z  M  H  B  U  G
H  F  K  R  T  S  V  B  M  H  T  E
C  E  N  Y  H  Q  E  F  S  H  S  O
A  T  A  G  D  C  I  R  C  K  I  R
O  I  R  O  R  E  A  R  M  N  D  G
R  H  F  O  L  H  U  E  Y  O  E  E
P  W  N  D  Q  H  L  R  R  D  N  G
P  T  E  T  C  K  J  J  N  P  C  S
A  R  B  B  U  I  L  D  I  N  G  S
```

# WILLIAM WILBERFORCE

## LET GOD CHANGE YOUR LIFE. FIRST OF ALL, LET HIM GIVE YOU A NEW MIND.

### ROMANS 12:2

William **Wilberforce** was involved in **British politics.** He discovered that he needed to **know Jesus**, and that's when he began his lifelong **journey.** Many members of **Parliament** made fun of **William** and wanted him to leave. He didn't. He actually relied on his **new love** for Jesus to help him **stand up** for **truth**, the **poor**, and freeing slaves. William helped stop the **slave trade** in **England.** It didn't happen overnight. Many years would pass before William saw real **change.**

```
D  D  D  E  E  V  O  L  W  E  N  R
P  K  N  C  W  N  H  V  C  M  W  W
A  J  N  R  P  Y  G  H  V  I  Y  H
R  R  J  O  G  U  A  L  L  K  S  R
L  K  O  F  W  N  D  L  A  I  F  R
I  H  U  R  G  J  I  N  T  N  O  M
A  T  R  E  M  A  E  I  A  O  D  N
M  U  N  B  M  X  R  S  P  T  M  Q
E  R  E  L  D  B  Q  X  U  P  S  W
N  T  Y  I  H  N  Z  P  H  S  F  N
T  R  F  W  P  O  L  I  T  I  C  S
Y  D  S  L  A  V  E  T  R  A  D  E
```

# JOHN WYCLIFFE

## THE WORD OF THE LORD IS WORTH MORE THAN GOLD.
### PSALM 19:10

John **Wycliffe** thought it was **important** for people to **read** what God had to say in their own **language**. Some people told John to **be quiet**. Jesus faced something like this when He **spoke** about religious **leaders** called **Pharisees**. They **liked to sit** in the **best seats** and be **noticed** by people who weren't as important as they thought they were. It's important to know what the **Bible** says. This was important to **John** Wycliffe. It was important to **Jesus**. It should be important to you.

```
B  J  B  M  K  S  R  E  D  A  E  L
E  L  R  E  A  D  P  E  G  S  B  T
F  B  W  D  M  Z  L  Z  P  N  E  I
F  E  J  X  E  B  N  O  W  T  S  S
I  Q  Z  L  I  C  K  Y  N  Q  T  O
L  U  Y  B  A  E  I  A  F  T  S  T
C  I  T  L  J  N  T  T  W  T  E  D
Y  E  J  E  L  R  G  P  O  K  A  E
W  T  S  O  O  N  M  U  D  N  T  K
L  U  V  P  H  R  T  R  A  T  S  I
S  Q  M  V  H  N  B  L  K  G  T  L
N  I  T  P  H  A  R  I  S  E  E  S
```

# BROTHER YUN

## WE WILL FOLLOW THE PLAN OF THE WORK HE HAS GIVEN US TO DO.
### 2 CORINTHIANS 10:13

Liu **Zhenying** was born in **China**. Most people call Liu "**Brother Yun**." When he became a **Christian**, the police told Yun to change his mind. But **becoming** a Christian gave Yun **hope**. He **trusted** Jesus. Yun was **happy** to be **weak** if it meant God would be **strong**. Yun was put in **prison**, beaten, and made to live **without food** for many days. Prison **guards** watched how Yun lived through hard times. He **shared** his faith. Many followed **Jesus**.

```
D   M   N   G   U   A   R   D   S   R   K   B
F   D   E   T   S   U   R   T   P   D   R   E
D   R   W   N   O   S   I   R   P   F   G   C
Y   J   L   C   S   H   A   R   E   D   N   O
B   R   O   T   H   E   R   Y   U   N   I   M
Y   T   R   T   K   R   B   N   R   S   Y   I
R   P   N   L   A   R   I   J   U   H   N   N
D   R   P   N   E   R   N   S   O   X   E   G
L   Z   I   A   W   K   E   P   T   X   H   K
R   H   M   T   H   J   E   X   V   I   Z   H
C   G   N   O   R   T   S   G   W   K   A   K
D   O   O   F   T   U   O   H   T   I   W   N
```

# LOUIS ZAMPERINI

## WHEN SOMEONE DOES SOMETHING BAD TO YOU, DO NOT DO THE SAME THING TO HIM. . . . INSTEAD, PRAY THAT GOOD WILL COME TO HIM.

### 1 PETER 3:9

Louis **Zamperini** fought in World War II. For over forty days, he **floated** on the **ocean** hoping to be **rescued** after his **plane** went down. He became a **prisoner** of war. **Louis** hated his **captors**. They were **cruel**. When he came home, he attended a Billy Graham **crusade** and became a **Christian**. Louis spent the rest of his life **telling** people about **Jesus**. God helped Louis **forgive** those who hurt him.

| | | | | | | | | | | |
|---|---|---|---|---|---|---|---|---|---|---|
| X | T | Y | B | W | N | P | W | R | I | N | T |
| J | Z | E | R | O | C | E | A | N | N | T | V |
| E | T | Q | L | B | P | E | Y | E | I | P | F |
| S | I | U | O | L | D | M | D | V | R | B | L |
| U | R | Y | S | A | I | E | C | I | E | L | R |
| S | R | E | S | R | T | N | S | G | P | E | C |
| K | F | U | S | A | O | O | G | R | M | U | P |
| G | R | H | O | C | N | T | X | O | A | R | L |
| C | G | L | N | E | U | G | P | F | Z | C | A |
| D | F | W | R | D | J | E | Y | A | J | B | N |
| F | T | L | Q | L | K | J | D | X | C | P | E |
| M | Z | D | C | H | R | I | S | T | I | A | N |

# ANSWER KEY

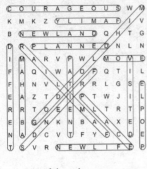

Abraham

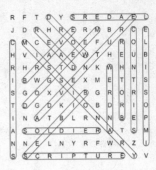

Brother Andrew

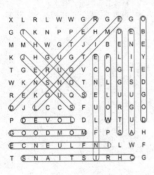

Augustine

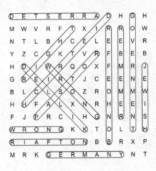

Dietrich Bonhoeffer

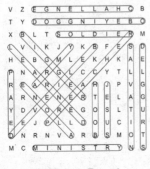

William Booth

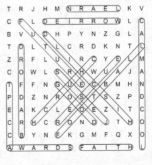

Sam Bradford

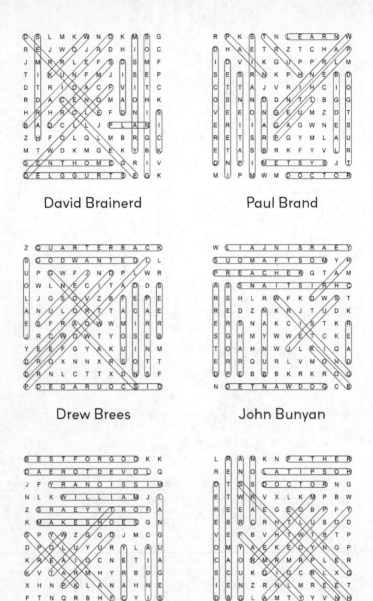

David Brainerd

Paul Brand

Drew Brees

John Bunyan

William Carey

Ben Carson

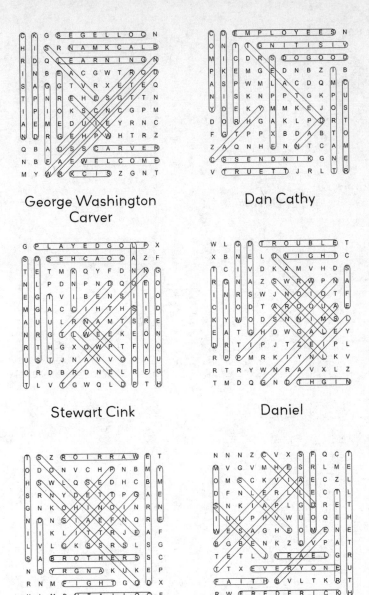

George Washington Carver

Dan Cathy

Stewart Cink

Daniel

David

Frederick Douglass

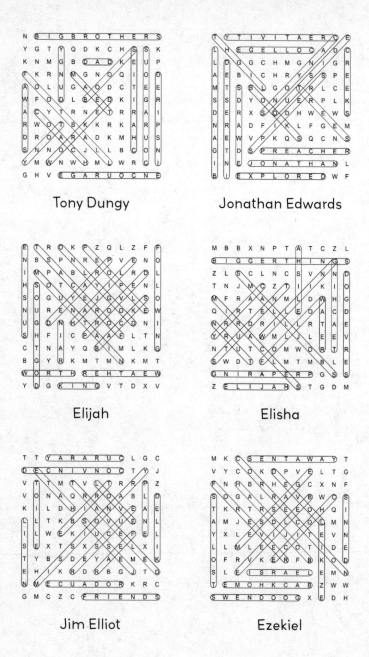

Tony Dungy

Jonathan Edwards

Elijah

Elisha

Jim Elliot

Ezekiel

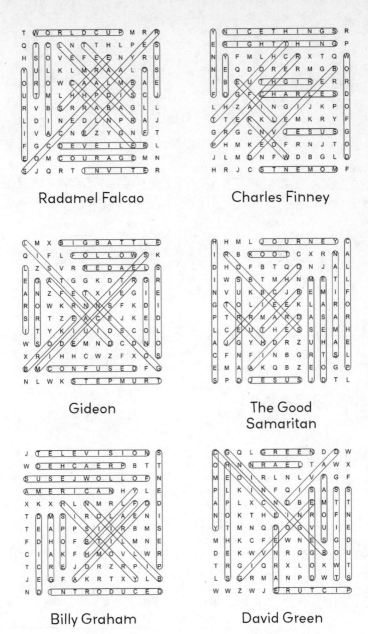

Radamel Falcao

Charles Finney

Gideon

The Good
Samaritan

Billy Graham

David Green

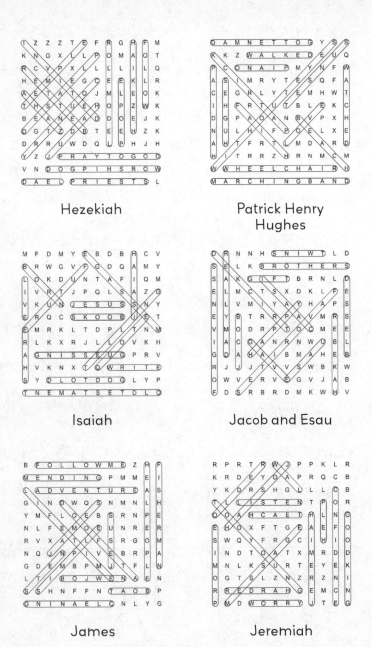

Hezekiah

Patrick Henry Hughes

Isaiah

Jacob and Esau

James

Jeremiah

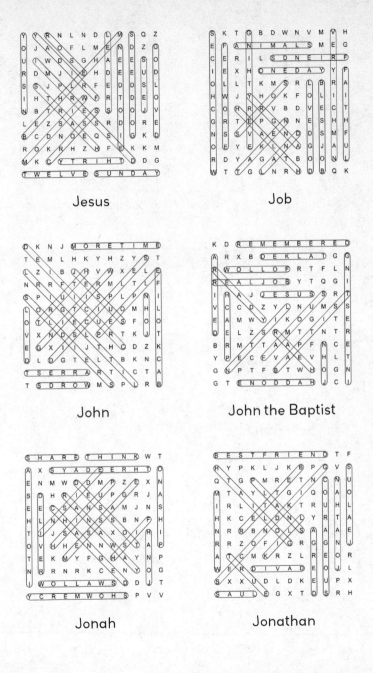

Jesus

Job

John

John the Baptist

Jonah

Jonathan

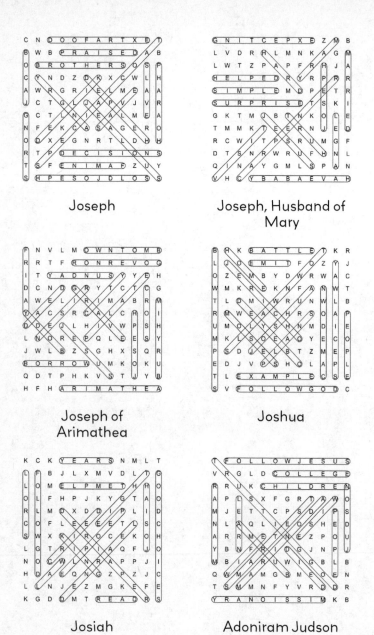

Joseph

Joseph, Husband of
Mary

Joseph of
Arimathea

Joshua

Josiah

Adoniram Judson

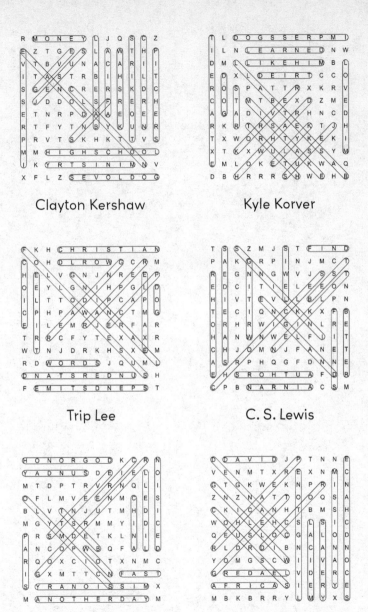

Clayton Kershaw

Kyle Korver

Trip Lee

C. S. Lewis

Eric Liddell

David Livingstone

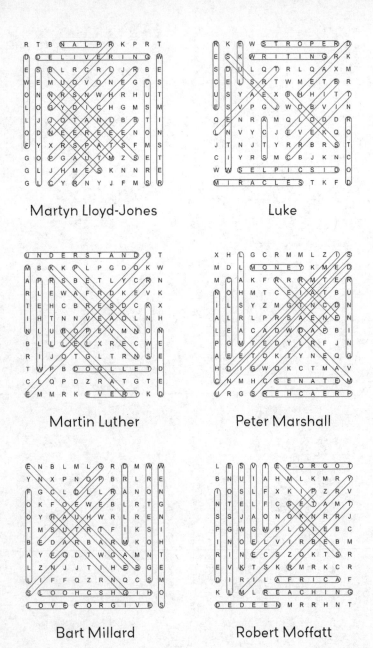

Martyn Lloyd-Jones

Luke

Martin Luther

Peter Marshall

Bart Millard

Robert Moffatt

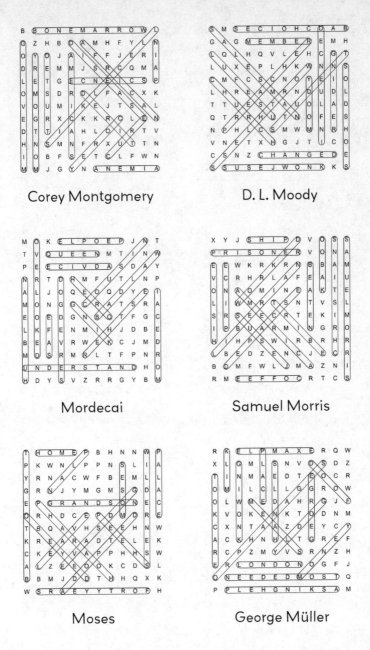

Corey Montgomery

D. L. Moody

Mordecai

Samuel Morris

Moses

George Müller

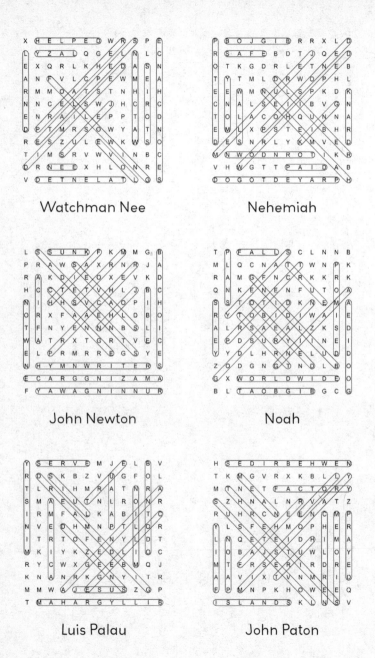

Watchman Nee

Nehemiah

John Newton

Noah

Luis Palau

John Paton

Paul

Albie Pearson

James W. C.
Pennington

Peter

Albert Pujols

Nabeel Qureshi

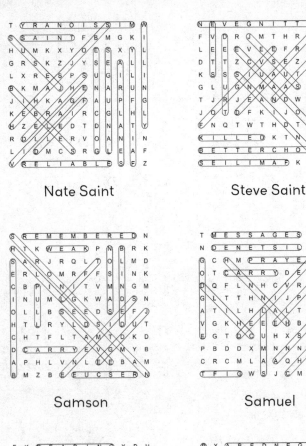

Nate Saint

Steve Saint

Samson

Samuel

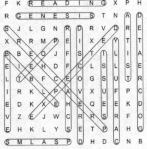

Francis Schaeffer

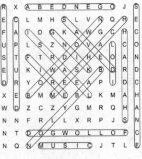

Shadrach,
Meshach,
Abednego

Kyle Snyder

Solomon

Charles Spurgeon

John Stam

Billy Sunday

Hudson Taylor

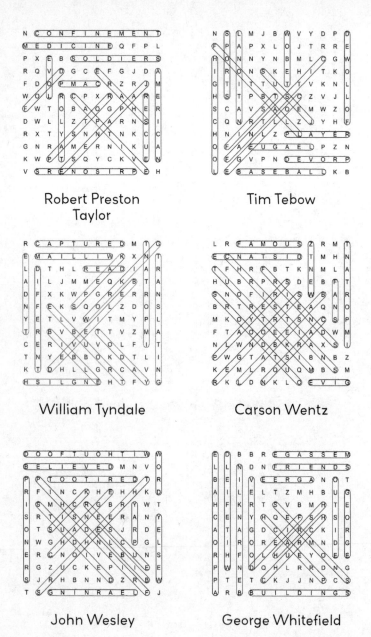

Robert Preston Taylor

Tim Tebow

William Tyndale

Carson Wentz

John Wesley

George Whitefield

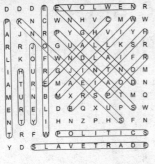

William Wilberforce

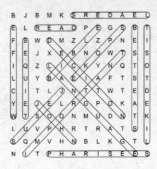

John Wycliffe

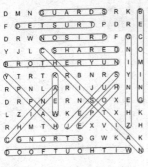

Brother Yun

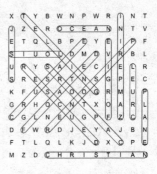

Louis Zamperini

# LEARN MORE ABOUT THESE 100 BRAVE MEN!

Boys are history-makers! And this deeply compelling storybook proves it! Especially for 8- to 12-year-olds, this collection of 100 adventurous stories of Christian men—from the Bible, history, and today—will empower them to know and understand how men of great character have made an impact in the world and how much smaller our faith (and the biblical record) would be without them.

Hardcover / 978-1-64352-356-9 / $16.99